Gloria Lourdes Alessi Marchetto

EDUCAÇÃO PARA A PAZ

Um caminho necessário

Dados Internacionais de Catalogação na Publicação (CIP)
(Câmara Brasileira do Livro, SP, Brasil)

Marchetto, Gloria Lourdes Alessi
    Educação para a paz : um caminho necessário / Gloria Lourdes Alessi Marchetto. – 1. ed. – São Paulo : Paulinas, 2009. – (Coleção docentes em formação)

Bibliografia.
ISBN 978-85-356-2546-2

1. Educação 2. Educação - Finalidades e objetivos 3. Paz 4. Relações interpessoais 5. Valores sociais I. Título. II. Série.

09-10940   CDD-370.1

Índice para catálogo sistemático:
1. Educação para paz   370.1

Direção-geral: *Flávia Reginatto*
Editora responsável: *Luzia M. de Oliveira Sena*
Assistente de edição: *Andréia Schweitzer*
Copidesque: *Amália Ursi*
Coordenação de revisão: *Marina Mendonça*
Revisão: *Leonilda Menossi e Sandra Sinzato*
Direção de arte: *Irma Cipriani*
Gerente de produção: *Felício Calegaro Neto*
Diagramação: *Manuel Rebelato Miramontes*
Fotos: *Gloria Lourdes Alessi Marchetto*

Nenhuma parte desta obra poderá ser reproduzida ou transmitida por qualquer forma e/ou quaisquer meios (eletrônico ou mecânico, incluindo fotocópia e gravação) ou arquivada em qualquer sistema ou banco de dados sem permissão escrita da Editora. Direitos reservados.

Paulinas
Rua Dona Inácia Uchoa, 62
04110-020 – São Paulo – SP (Brasil)
Tel.: (11) 2125-3500
http://www.paulinas.org.br – editora@paulinas.com.br
Telemarketing e SAC: 0800-7010081
© Pia Sociedade Filhas de São Paulo – São Paulo, 2009

Dedico este trabalho...

A todos os que me amam e que,
na convivência, me ajudam a ser o que sou.
À minha família, em especial aos meus sobrinhos:
Amanda, Bruna e Renato César.
A todos os meus alunos, pessoas especiais que partilharam
momentos da minha vida e são a razão do meu trabalho.

Agradeço...

A Deus, pela dádiva da vida.
Ao Romeu, pelo companheirismo,
inclusive em muitos projetos da Escola.
À Simone, amiga de todas as horas,
presença na alegria e apoio nas dificuldades.
Às professoras Loiri, Carmen e Dirce,
pela cumplicidade e colaboração.
A toda a equipe diretiva da
Escola Estadual de Ensino Médio Bandeirante,
em especial à diretora, professora Mercedes.
Ao grupo de coordenação
do projeto de educação para a paz.
A todos os professores comprometidos
com a construção de uma cultura de paz.

Introdução

Este trabalho busca refletir sobre a educação para a paz – suas possibilidades, necessidades e fragilidades. O tema é intrigante, pois muitas vezes o projeto de educação para a paz é visto com desconfiança e/ou descrédito por pessoas que pensam não ser esse o papel da escola. Outros entendem que, ao desenvolver esse projeto, deixam-se de lado conteúdos tidos como prioritários no ensino regular.

A obra *Educação para a paz: caminho necessário* foi realizada com base em vivências das séries iniciais do Ensino Fundamental da Escola Estadual de Ensino Médio Bandeirante, Guaporé, Rio Grande do Sul, onde, desde 2001, vem sendo desenvolvido o projeto "Bandeirante na trilha em busca da paz". Tem como objetivo refletir sobre a proposta da Escola, buscando a sua significação para a educação, no contexto atual. Procurou-se fundamentação teórica nas leituras de autores e educadores renomados, realizadas no espaço oferecido pela Escola para formação continuada de seus professores e professoras. Traz, também, o depoimento de professoras que participaram de projetos, além de falas de alunos e pais registradas em avaliações.

O trabalho é composto por quatro capítulos. O primeiro capítulo busca uma reflexão sobre a educação para a paz: um possível conceito, a necessidade de acreditar na mudança, na utopia e, por fim, reflete sobre as relações, pois é nas relações que se evidenciam a paz e a violência.

O segundo capítulo traz, em linhas gerais, a história do projeto "Bandeirante, na trilha em busca da paz": descreve a Escola, como nasceu o projeto e a postura dos professores e professoras diante da proposta.

O terceiro capítulo expõe as vivências, atividades desenvolvidas com algumas turmas das séries iniciais do Ensino Fundamental, tanto das participantes do projeto de educação para a paz, como de outras turmas, inclusive de outra escola do município.

O quarto capítulo traz considerações acerca da proposta aqui apresentada: utopia, possibilidades e necessidades.

Para complementar a exposição, os Anexos apresentam: os depoimentos das professoras que participaram do projeto; o roteiro do Seminário Integrador – "Vamos começar por nós?"; o relato dos cinco encontros realizados pelas Escolas Bandeirante e Alexandre Bacchi; e, para finalizar, uma reflexão com a carta endereçada aos inquilinos da Terra.

Educação para a paz

A utopia está lá no horizonte.
Me aproximo dois passos, ela se afasta dois passos.
Caminho dez passos e o horizonte corre dez passos.
Por mais que eu caminhe, jamais alcançarei.
Para que serve a utopia?
Serve para isto:
Para que eu não deixe de caminhar.

EDUARDO GALEANO

A educação para a paz tornou-se o caminho no trilhar do dia a dia da nossa Escola. Percebemos muitos avanços: pais e alunos têm-se envolvido mais nas atividades da Escola; situações de violência física diminuem visivelmente; a convivência é mais tranquila entre os segmentos da comunidade escolar; o comprometimento dos professores com o projeto vem aumentando e o planejamento é participativo.

Mas o que é a educação para a paz?

Hoje, a palavra *paz* parece ser o termo da moda. Muito se ouve falar a respeito da paz e muitos são os conceitos ou preconceitos que se formam ou deformam a respeito do assunto. Maria Tereza Maldonado afirma:

> O próprio conceito de paz foi-se modificando nas últimas décadas, partindo da definição tradicional da paz como ausên-

cia de guerra e chegando a uma visão holística que integra a busca da paz interior com a busca da paz entre os homens e com a natureza (1997, p. 92).

Entretanto, podemos perceber diferentes posturas: para uns, educação para a paz remete à catequização; para outros, é passividade, é não reagir, mesmo diante de situações que violentam. Tentaremos buscar um conceito, uma definição ou linhas que possam demonstrar um caminho, uma trilha na busca da educação para a paz.

A violência aparece no nosso cotidiano e é mostrada das mais diferentes maneiras. Basta abrir o jornal, ligar o rádio ou a televisão, conectar a internet, observar os jogos de *video game* de que os meninos tanto gostam. O que se encontra, o que se evidencia, o que se valoriza são diversas situações de violência. Entretanto, é importante lembrar Leonardo Boff:

> Não foi a luta pela sobrevivência do mais forte que garantiu a persistência da vida e dos indivíduos até os dias de hoje, mas a cooperação e a coexistência entre eles. Os hominídeos, de milhões de anos atrás, passaram a ser humanos na medida em que mais e mais partilhavam entre si os resultados da coleta e da caça e compartilhavam seus afetos. A própria linguagem que caracteriza o ser humano surgiu no interior deste dinamismo de amor e de partilha (1999, p. 111).

Estamos nos desumanizando? Nas escolas é comum a disputa, a competição entre os alunos, seja no jogo, na brincadeira, na paquera ou mesmo na busca de afirmação no grupo. O individualismo é latente, cada um se preocupa com o que é melhor para si, independente do que possa causar ao outro. Continua Leonardo Boff:

A competição, enfatiza Maturana, é antissocial, hoje e outrora, porque implica a negação do outro, a recusa da partilha e do amor. A sociedade moderna neoliberal, especialmente o mercado, se assenta na competição. Por isso é excludente, inumana e faz tantas vítimas. Essa lógica impede que seja portadora de felicidade e de futuro para a humanidade e para a Terra (1999, p. 111).

É preciso reagir a essa situação.

No Fórum Mundial da Educação, realizado em Porto Alegre, em 2001, Paulo Périssé assim se manifestou:

Há quem acredite que a paz é algo que brota do nada. Se não fizermos nada, haverá paz. Essa é uma concepção ingênua. A paz precisa ser construída, cultivada. É preciso falar-se dela, celebrá-la, criar-se uma cultura de paz. As pessoas precisam ser educadas para a paz.

Nesse sentido, a ONG Educadores para a Paz, de Porto Alegre, afirma:

Hoje, a educação para a paz revela-se como uma das alternativas, no próprio meio da educação, para superar a violência no meio escolar e dar um contributo para a construção de uma sociedade não violenta. Mas se partirmos da concepção de que a violência no meio escolar é violência da escola, torna-se necessária uma renovação das práticas pedagógicas no sentido de concretizar uma escola em que a temática da paz, com seus respectivos objetivos, perpasse todo o currículo e que o aluno seja o sujeito de suas próprias aprendizagens (2003, p. 3).

Então, como é educar para a paz?

Educar para a paz é a busca do respeito mútuo. Educar para a paz é perceber e indignar-se diante de qualquer situação de violência física ou psicológica, contra si mesmo, contra o outro ou contra o ambiente. Educar para a paz é conviver respeitando e se fazendo respeitar, cada qual com sua individualidade. Educar para a paz é uma construção que se faz dia após dia, na busca de uma convivência digna para todos, baseada no respeito e no cuidado. Maldonado lembra:

> Um documento da Associação Internacional de Pesquisa sobre a Paz diz que, para construir a paz, é preciso cuidar do terreno que cria condições de justiça, respeito pelos direitos humanos, resolução não violenta de conflitos, tolerância pela diversidade e coexistência harmoniosa com a biosfera [...]. Por outro lado, a educação para a paz também não significa reprimir o dinamismo de crianças e jovens para torná-los dóceis e submissos (estratégia da "doce violência", que premia os "bonzinhos", incapazes de expressar uma opinião própria ou deixar de fazer o que deles se espera). A paz também não é um estado entediante, resultante da repressão indevida da energia agressiva (e não de sua canalização), produzindo pessoas amorfas, conformadas com a situação estabelecida. Por fim, a paz tampouco é um estado de contemplação permanente, de passividade. Para construir a paz, é preciso ser ativo, criativo, empreendedor, tomando iniciativas inovadoras. Neste sentido, a construção da verdadeira paz é um processo difícil e apaixonante, que precisa da adesão de milhares de pessoas e grupos no mundo inteiro (1997, pp. 94-95).

Sendo assim, sentimo-nos apaixonados e felizes com o projeto construído coletivamente na Escola, principalmente quanto à questão da ética e cidadania que deve permear o trabalho, dando condições para que o aluno possa exercer, de maneira consciente e responsável, a sua cidadania.

Referindo-se à educação, Maturana afirma:

Pensamos que a tarefa da educação escolar, como um espaço artificial de convivência, é permitir e facilitar o crescimento das crianças como seres humanos que respeitam a si próprios e aos outros com consciência social e ecológica, de modo que possam atuar com responsabilidade e liberdade na comunidade a que pertencem (2000, p. 13).

Piaget, ao escrever sobre educação para a paz, assim se expressa:

[...] podemos chegar a pensar que uma educação para a paz realmente eficaz deveria, em cada país e segundo o ponto de vista de cada um, enxertar-se na própria educação nacional [...]. O principal problema da educação para a paz é, com efeito, encontrar um interesse real que possa levar cada um a compreender o outro, em particular a compreender o adversário (1998, p. 133).

O projeto aqui referido parece estar no caminho mais indicado para os tempos atuais: na trilha em busca da paz, do respeito mútuo, do respeito por si mesmo e pelo meio ambiente, buscando a resolução não violenta dos conflitos, de modo que não haja vencido nem vencedor, mas consensos que possam levar à verdadeira *felicidadania*. Sabe-se que este é um caminho que não se acaba, é construído a cada dia; exige persistência, criatividade e coragem para enfrentar aquilo que nós mesmos não conhecemos, em que apenas acreditamos. É a utopia que se constrói com mudança, com nossa mudança. Talvez aqui esteja o mais difícil: acreditar na mudança.

EDUCAR PARA A PAZ É ACREDITAR NA MUDANÇA

Entende-se necessário fazer uma pequena reflexão a respeito da *mudança*. Mudança é o ato ou efeito de mudar. Mudar, do latim *mutare*, tem inúmeros significados: remover, dispor de outro modo, dar outra direção, alterar, trocar, transformar, tornar-se diferente etc. É possível, então, afirmar que a vida é uma permanente mudança. Nada se repete, cada momento é único, diferente do anterior. Talvez as mudanças nunca tenham sido tão intensas como nos últimos anos. Tudo anda muito rápido. As informações voam, a tecnologia avança a cada dia. Parece que o lugar onde as mudanças custam a acontecer é na escola. Talvez porque se procure perpetuar valores, conhecimentos, conteúdos que um dia foram ou se pensava indispensáveis. Entretanto, o mundo hoje, aqui, agora, diferente do passado, mostra outras necessidades e outras possibilidades. São infindáveis as afirmações de que se vive num mundo injusto, individualista, com enormes diferenças, com problemas sociais, como se o mundo fosse algo à parte, como se nós também não pertencêssemos a ele. Paulo Freire assim se manifesta:

> O mundo não é. O mundo está sendo. Como subjetividade curiosa, inteligente, interferidora na objetividade com que dialeticamente me relaciono, meu papel no mundo não é só o de quem constata o que ocorre, mas também o de quem intervém como sujeito de ocorrências. Não sou apenas objeto da História, mas seu sujeito igualmente. No mundo da História, da cultura, da política, constato não para me adaptar, mas para mudar (1996, pp. 85-86).

Muitos são os problemas que envolvem a educação pública: falta de recursos, desvalorização dos profissionais da educação, insegurança, desinteresse dos alunos, indisciplina, falta de comprometimento e tantos outros já constatados. Entretanto, retomando Paulo Freire, não basta constatar, é preciso buscar a mudança.

Aos educadores cabe a tarefa de pensar a educação como formação de seres humanos, conforme afirma Maturana:

Pensamos que a tarefa da educação é formar seres humanos para o presente, para qualquer presente, seres nos quais qualquer outro ser humano possa confiar e respeitar, seres capazes de pensar tudo e de fazer tudo o que é preciso como um ato responsável, a partir de sua consciência social (2001, p. 10).

Assim, também, a Lei n. 9.394, de 20 de dezembro de 1996, Lei de Diretrizes e Bases da Educação Nacional, no seu artigo segundo, referindo-se à finalidade da Educação Nacional, determina:

A educação, dever da família e do Estado, inspirada nos princípios de liberdade e nos ideais de solidariedade humana, tem por finalidade o pleno desenvolvimento do educando, seu preparo para o exercício da cidadania e sua qualificação para o trabalho.

Sendo assim, é inadmissível que a escola continue sendo um espaço apenas para se listarem os problemas do mundo e da humanidade. É preciso ter consciência de que a mudança é possível, a começar pela mudança de cada um. É comum o fato de muitos profissionais que se dizem educadores viverem acomodados com suas aulas preparadas e repetidas no decorrer de vários anos. Veem-se as mudanças ocorrerem fora da sala de aula, fora da escola, independentemente daqueles que têm como objetivo a formação de cidadãos, de sujeitos conscientes e responsáveis. João Vicente Silva Souza ressalta:

Habituar-se a este mundo pleno de mudanças não é fácil. Uma ideia leva tempo para consolidar-se. Igualmente, para transformar-se ou degradar-se. É da natureza humana defender-se e resistir ao que lhe é "ameaçadoramente" novo. Principalmente, em um estágio cultural onde ainda pouco aceitamos o outro, suas ideias e suas culturas, onde é difícil reconhecê-lo estando em seu lugar, uma vez que não reconhecemos muito bem nem o nosso próprio lugar nesta relação e no mundo (2002, p. 27).

É importante destacar que não é possível pretender que o aluno seja sujeito da história se a escola não o consegue ser. E é bom ressaltar que escola são todos e cada um que dela participa, que nela trabalha, enfim, que a faz existir. É indispensável lembrar Paulo Freire: "Ensinar exige a convicção de que a mudança é possível".

É interessante destacar, ainda, textos, reflexões, afirmações de pessoas, pensadores, estudiosos que viveram há muitos anos e que se encaixam perfeitamente nos dias atuais.

Maturana diz que "Jesus Cristo era um grande biólogo" e continua:

> Quando ele fala de viver no reino de Deus, fala de viver na harmonia que traz consigo o conhecimento e o respeito pelo mundo natural que nos sustenta, e que permite viver nele sem abusá-lo nem destruí-lo. Para isso devemos abandonar o discurso patriarcal da luta e da guerra, e nos entregarmos ao viver matrístico do conhecimento da natureza, do respeito e da colaboração na criação de um mundo que admite o erro e possa corrigi-lo. Uma educação que nos leve a atuar na conservação da natureza, a entendê-la para viver com ela e nela sem pretender dominá-la, uma educação que nos permita viver na responsabilidade individual e social [...] (1999, p. 35).

Poderíamos dizer que Jesus Cristo é um grande educador.

Esta é a educação que buscamos, este é o cidadão que esperamos: alguém consciente da sua responsabilidade social e individual.

Nesta busca de cumprir o papel de escola formadora de cidadãos, muitos são os exemplos de pessoas e equipes comprometidas com a história. E quando se pode fazer parte de uma escola, de um grupo de educadores e educadoras comprometidos, que procuram cumprir o seu verdadeiro papel, é possível acreditar na construção de um mundo mais justo e mais humano. Podemos perceber, através de uma estreita fresta, uma luz, uma possibilidade. E juntos, professores e professoras, alunos e alunas, pais e mães, funcionários e funcionárias buscamos essa luz, no nosso dia a dia, no estar com o outro, nas nossas relações.

A PAZ SE FAZ NAS RELAÇÕES

A paz e a violência evidenciam-se nas relações. Não é possível falar em educação para a paz sem falar das relações: consigo mesmo, com o outro e com o meio. Talvez por isso, a resistência de alguns. No momento em que nos comprometemos com um projeto, como o aqui proposto, percebemos que a primeira mudança necessária é em nós mesmos, pois paz não se ensina, se vive, assim como a cidadania. Não é possível ensinar alguém a ser cidadão, pode-se, na escola, favorecer a vivência da cidadania, do respeito mútuo, da paz. Assim, escreve Mara Never Zattera:

> A nova LDB propõe o desenvolvimento pleno dos alunos. Tenho a certeza de que isso só vai acontecer na medida em que as relações dentro da escola mudarem. Já afirmei que a escola é o lugar onde as primeiras lições de cidadania são aprendidas. A partir das relações entre alunos e professores, bem como das relações com os demais segmentos da comunidade escolar, é que esse aluno viverá, na prática, o conceito de cidadania (2004, p. 104).

É importante lembrar que, na convivência entre muitas pessoas, cada uma com sua individualidade, seus desejos, angústias e anseios, os conflitos são naturais. A questão está na resolução desses conflitos.

Maria Tereza Maldonado afirma que "é essencial valorizar a vida e a afetividade nos relacionamentos a fim de fazer uma base sólida para os acordos que resolvem os conflitos" (1997, p. 96).

Sendo assim, buscar a harmonia nas relações dos diversos segmentos da comunidade escolar é essencial quando se propõe a educação para a paz.

Relação professor e aluno

Pode-se dizer que a o trabalho do professor e da professora na escola está intimamente ligado à sua relação com o seu aluno e com a sua aluna. Depende desse relacionamento o desenvolvimento da criança. Ela precisa sentir-se segura e amada pelo professor ou professora, pessoa que vai tornar-se sua referência, já que estará intimamente ligada a ela durante um ano inteiro.

Considerando a visão do professor em relação a seus alunos, Maria Cristina Kupfer, em *Freud e a Educação – Dez anos depois*, afirma:

> Quando um educador opera a serviço de um sujeito, abandona técnicas de adestramento e adaptação, renuncia à preocupação excessiva com métodos de ensino e com os conteúdos estritos, absolutos, fechados e inquestionáveis, como já se afirmava na conclusão de Freud e a educação. Ao contrário disso, apenas coloca os objetos do mundo a serviço de um aluno sujeito que, ansioso por fazer-se dizer, ansioso por se fazer representar nas palavras e objetos da cultura, escolherá nessa oferta aqueles que lhe dizem respeito, nos quais estará implicado por seu parentesco com as primeiras inscrições significantes que lhe deram forma e lugar no mundo (1999, pp. 14-26).

Para que a escola cumpra seu papel na (re)construção da humanidade se faz necessário superar o ensino fragmentado, inserido no paradigma cartesiano, e colocar-se na busca do aprender e do ensinar sistêmico, inter e transdisciplinar, que coloca o ser humano como centro do processo e promove aprendizagens significativas e prazerosas, ou seja, o conhecimento pertinente.

Precisamos, em nossa sala de aula, proporcionar aos nossos alunos a construção da sua própria história e, conforme D. Collares, dar a cada criança "a oportunidade de desenvolver-se a partir do que já construiu, uma vez que não se deve moldar às formalizações preestabelecidas pelo professor, o que aumenta a responsabilidade deste frente ao desenvolvimento dela" (2004, p. 115).

Acredito que nosso trabalho se tornaria menos angustiante e mais gratificante se deixássemos de subestimar a capacidade dos nossos alunos, dividindo com eles a busca dos caminhos possíveis de ser seguidos e os objetivos que desejamos alcançar.

Além disso, é essencial que o ambiente de aprendizagem seja um lugar em que cada um se sinta feliz na presença do outro. Muitas vezes, basta um "amo você" ou um abraço para despertar a criança e conquistar aquilo que se pretende. Restrepo afirma:

> Sem dúvida alguma o cérebro necessita do abraço para seu desenvolvimento, e as mais importantes estruturas cognitivas dependem deste alimento afetivo para alcançar um adequado nível de competência. Não devemos esquecer, como assinalou há vários anos Leontiev, que o cérebro é um autêntico órgão social, necessitado de estímulos ambientais para seu desenvolvimento. Sem matriz afetiva, o cérebro não pode alcançar seus mais altos picos na aventura do conhecimento (1998, p. 49).

Sendo assim, façamos do abraço um instrumento de nosso trabalho; que faça parte do dia a dia da escola, pois se o abraço é importante para o desenvolvimento da criança, também o é para o nosso bem-estar. É preciso que o abraço se torne um hábito.

Relação aluno e aluno

É possível perceber no desenvolver do projeto de educação para a paz uma enorme cumplicidade entre os alunos. Ao respeitar o outro, a criança sente-se responsável pelo andamento da atividade, do trabalho. Reconhece e aceita o outro com suas dificuldades e torce pela sua superação. A competição – comum entre as crianças e muitas vezes incentivada pelo professor e professora com frases como "Vamos ver quem consegue acertar tudo" ou "Vamos ver quem consegue desenhar melhor", ditas com a melhor das intenções – dá lugar à cooperação, ao desejo de que todos consigam realizar as atividades sozinhos ou com a ajuda do colega.

Convém lembrar as palavras de Maturana:

> O respeito mútuo (biologia do amor) é fundamental porque amplia a inteligência ao entregar aos participantes, na aprendizagem, a possibilidade de dar um sentido próprio ao aprender e ao que se aprende (2000, p. 18).

E, cada vez que um colega consegue vencer um obstáculo, a comemoração, a vibração é geral e a aprendizagem mais consolidada.

Assim como a cooperação, a resolução não violenta dos conflitos busca a satisfação de todos os envolvidos. Para isso é necessário desenvolver o hábito de colocar-se no lugar do outro. A criança é muito mais sensível, mais sincera e mais espontânea do que o adulto. Por esse motivo, despida de máscaras e convenções sociais, resolve com muito mais tranquilidade suas diferenças. Entretanto, para que tudo isso seja possível, é necessário a mediação e a convicção do professor ou professora de que é possível refletir com a criança e buscar caminhos alternativos para a resolução dos conflitos. Com o tempo, as próprias crianças vão resolvendo seus conflitos, aprendendo a buscar consensos, pois aprendem a cuidar do outro e percebem que cuidar do outro é querer vê-lo feliz. Isso não quer dizer que o professor poderá simplesmente deixar que as crianças resolvam sozinhas seus problemas. Ele deverá estar sempre atento; isso fará com que as crianças sintam-se seguras, pois caso não consigam uma solução, sabem que podem contar com a ajuda do professor.

Além disso, só se ensina o que se é, por meio da vivência e de exemplos. É pelo modo como o professor ou professora trata os seus alunos e alunas que eles aprenderão a relacionar-se entre si. É sempre importante lembrar: os alunos e alunas são crianças; nós, adultos, é que somos responsáveis pela educação e por seus resultados.

Relação professor e professor

O trabalho coletivo dos professores é indispensável para o desenvolvimento deste projeto. Parece estar aqui o ponto mais complicado, o mais difícil de ser superado. Aqui é que cada professor, cada professora vai viver os seus valores nas relações com os seus iguais.

Talvez a dificuldade nas relações esteja na formação de cada um, nas variadas convicções sobre a educação, nas diferentes trajetórias de vida. Cada um traz na sua bagagem cultural, afetiva e social, os valores vivenciados. Sabemos que vivemos numa sociedade individualista e competitiva e estamos constantemente convivendo com os valores dessa sociedade. Está arraigado em nós tudo o que vivemos, principalmente na educação, ou seja, a educação compartimentada, o castigo, o obedecer, o copiar, o não indagar. Em contrapartida, também sabemos que somos seres em constante mudança. Entretanto é necessário que estejamos abertos, suscetíveis às exigências da educação, hoje Terezinha A. Rios afirma:

> É fácil constatar que a revolução tecnológica e a globalização da economia e da política e os fenômenos sociais delas decorrentes trouxeram ao campo da educação novas provocações e inquietações. [...] Afirmou-se aqui que a escola brasileira necessita aprimorar seu trabalho, no sentido de que se socializem efetivamente os conhecimentos e os valores significativos, que se incluam os escolhidos, que se afastem os preconceitos e discriminações, que se dê espaço para as diferenças e que se neguem as desigualdades. Apontou-se a necessidade fundamental de se construírem teorias fertilizadoras da práxis dos professores (2002, pp. 136-139).

É impossível pensar na socialização de conhecimentos e valores significativos sem considerar a efetivação do trabalho cooperativo entre professores e alunos. Afirma Philippe Perrenoud:

> Resulta disso que trabalhar em conjunto torna-se uma necessidade, ligada mais à evolução do ofício do que uma escolha pessoal. Ao mesmo tempo, há cada vez mais professores, jovens ou adolescentes, que desejam trabalhar em equipe, visando a níveis de cooperação mais ou menos ambiciosos (2000, p. 80).

Torna-se ainda mais evidente a necessidade do trabalho coletivo quando se trata da construção de um projeto que busca caminhos para uma convivência harmoniosa, com resolução não violenta de conflitos entre todos os que integram a comunidade escolar.

Mais adiante, Perrenoud define uma equipe como "*um grupo reunido em torno de um projeto comum*, cuja realização passa por diversas formas de acordo e de cooperação" (2000, p. 83). Essa situação foi vivenciada na Escola Estadual de Ensino Médio Bandeirante: professores, funcionários, alunos e pais reunidos em torno do projeto "Bandeirante na trilha em busca da paz". Maturana nos diz: "Não se deve ensinar cooperação, é preciso vivê-la desde o respeito por si mesmo, que surge no conviver no respeito mútuo" (2000, p. 16).

No decorrer do processo de construção do projeto da Escola, percebemos que, apesar dos tropeços, muito se tem caminhado, muito se tem construído, pois acima de tudo existe um coletivo que acredita na educação, que acredita que é possível fazer diferente, é possível ser diferente, é possível um mundo diferente: mais justo, mais humano, mais solidário.

Escola Estadual de Ensino Médio Bandeirante

> Escola é... o lugar onde se faz amigos, não se trata só de prédios, salas, quadros, programas, horários, conceitos... Escola é, sobretudo, gente, gente que trabalha, que estuda, que se alegra, se conhece, se estima. [...] Importante na escola não é só estudar, não é só trabalhar, é também criar laços de amizade, é criar ambiente de camaradagem, é conviver, é se "amarrar nela"! Ora, é lógico... numa escola assim vai ser fácil estudar, trabalhar, crescer, fazer amigos, educar-se, ser feliz.
>
> PAULO FREIRE

Escola Estadual de Ensino Médio Bandeirante, escola de tanta gente...

Muitos por ela passaram nos seus quase oitenta anos: pessoas com mais ou menos dificuldades, de diversas crenças, origens, níveis sociais e culturais, enfim, muitas pessoas, além de muitos professores e professoras que, hoje, fazem a Escola. Essa Escola se constitui num centro de formação que marcou e marca a história de Guaporé e região.

O professor Silvio Bedin afirma:

> A Escola Estadual Bandeirante cresceu com o Município, deitando suas raízes nos idos de 1926. O que se diz sobre a sua grandeza vem desde esse tempo longínquo e continua presente

no imaginário coletivo que sobrevive nos nossos dias, assim como o velho hino que fala dela como "receptáculo de luz e saber". Trata-se da mais antiga Escola Pública da região [...] com anos de serviços prestados à formação de inúmeras gerações, e que continua a gozar de enorme prestígio diante da comunidade (2004, p. 25).

A Escola Estadual de Ensino Médio Bandeirante está localizada no centro de Guaporé, Rio Grande do Sul. Até 2008 oferecia Educação Infantil, Ensino Fundamental e Ensino Médio.

A maior parte dos alunos da Educação Infantil e do Ensino Fundamental é oriunda do bairro São José e do centro da cidade; uma pequena parte vem de outros bairros e do interior do município (usando transporte escolar).

No Ensino Médio existe uma diversidade considerável em relação ao perfil dos alunos: o Ensino Médio diurno (da parte da manhã) atende alunos de diversos bairros, principalmente do centro. São da mesma faixa etária e, se trabalham, é apenas um turno. Já no Ensino Médio noturno, muito diferente do diurno, a clientela vem principalmente dos bairros e são trabalhadores, além de variar muito a faixa etária.

A Escola Bandeirante atende em torno de 1.300 alunos, é considerada a maior escola da região. Nela trabalham cerca de 60 professores e 10 funcionários. Com tanta gente presente, a existência de conflitos e desentendimentos é previsível; são frequentes na maioria das escolas.

A partir do ano 2000, com a efetiva implantação da Lei da Gestão Democrática na Escola, muitas foram as mudanças: o Conselho Escolar e o Círculo de Pais e Mestres ganharam mais força, os pais estão mais presentes na Escola, o Projeto Político Pedagógico é construído coletivamente. E, em todo início de ano, acontece o planejamento participativo.

Evidentemente, como em qualquer relação social, considerando as inúmeras diferenças encontradas, a Escola ainda era abalada por inúmeras manifestações de violência entre aqueles que a constituem. Muitos eram os conflitos. A equipe diretiva decidiu, então, priorizar a formação continuada dos trabalhadores em educação, numa tentativa de buscar a resolução desses conflitos e caminhos alternativos, coerentes com o propósito educativo de resgatar valores, com um projeto conscientizador, participativo e emancipatório. Nasceu, então, em 2001, o projeto "Bandeirante na trilha em busca da paz". Uma tentativa, uma vontade de não apenas constatar os problemas, mas buscar a mudança: a resolução desses conflitos de forma não violenta, priorizando o diálogo e os consensos.

BANDEIRANTE NA TRILHA EM BUSCA DA PAZ

Esse projeto nasceu em 2001, com o objetivo de buscar ações pedagógicas que auxiliassem na resolução não violenta dos conflitos do dia a dia, naturais quando se convive com um grande número de pessoas com todas as suas diversidades.

Fala-nos, sobre esse assunto, Marcelo Rezende Guimarães:

Os conflitos não são necessariamente positivos ou negativos, bons ou maus. É a resposta que se dá a eles que os torna negativos ou positivos, construtivos ou destrutivos. Como fazem parte da realidade humana, os conflitos são oportunidades para aprender, podendo: estimular um pensamento crítico e criativo; melhorar a capacidade de tomar decisões; reforçar a consciência da possibilidade de opção; incentivar diferentes formas de encarar os problemas e situações; melhorar relacionamentos e apreciação das diferenças (2002, pp. 43-44).

No decorrer desses últimos anos, foram desenvolvidas diversas ações nesse sentido: oficinas da paz, com a ONG Educadores para a Paz, de Porto Alegre, para professores e funcionários da própria Escola e da região; noitadas da paz, para pais de alunos; oficinas de educação para a paz, com assessoria da ONG SERPAZ, de São Leopoldo, para professores, pais e alunos.

O projeto tem como objetivo geral:

> Construir uma escola inclusiva, aberta às diferenças e à igualdade de oportunidades para todas as pessoas, por meio de ações que questionem as exclusões, os preconceitos e as discriminações advindas das distintas formas de deficiência e das diferenças sociais, econômicas, psíquicas, culturais, religiosas, raciais, ideológicas e de gênero e assim tecer a rede de cuidado que qualifique a escola como um lugar ético-afetivo de convivência saudável e prazerosa.

Esse objetivo vem ao encontro do Relatório da Unesco: "Educação, um tesouro a descobrir", o qual afirma que a educação, para o século XXI deve estar alicerçada em quatro pilares: *aprender a conhecer, aprender a fazer, aprender a ser* e *aprender a conviver,* como passaporte para uma educação permanente, para a aprendizagem ao longo da vida. Corrobora com essa afirmação Paulo Freire quando diz:

> Nenhuma ação educativa pode prescindir de uma reflexão sobre o homem e de uma análise sobre suas condições culturais. Não há educação fora das sociedades humanas e não há homens isolados. O homem é um ser de raízes espaço-temporais (1979, p. 61).

Entende-se que o papel do educador e da educadora de homens e mulheres de um novo tempo é de alavancar uma formação cidadã, ético-político-estética, que venha a desencadear o surgimento de novas comunidades que saibam viver na complexidade das relações, com todas as suas diversidades e conflitos.

A partir desse entendimento e do trabalho proposto na Escola, construiu-se a mandala, base da proposta de educação para a paz:

EDUCAR PARA FELICIDADANIA NA RELAÇÃO COM O MEIO, COM O OUTRO E CONSIGO MESMO.

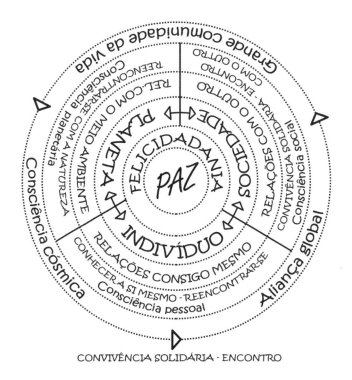

CONVIVÊNCIA SOLIDÁRIA - ENCONTRO

O projeto prioriza as relações: consigo mesmo, com o outro e com o meio onde se vive. Busca o respeito e a afetividade pelo outro, na sua individualidade, conforme Maturana:

> O amor é a emoção que constitui o domínio de condutas em que se dá a operacionalidade da aceitação do outro como legítimo outro na convivência, e é esse modo de convivência que conotamos quando falamos do social (1998, p.23).

Trata-se da construção de novos caminhos, da busca da *felicidadania*. E todos os envolvidos com a Escola são atores dessa construção. Gostaríamos que o poema de Jean Audinet não parecesse uma utopia:

Palavras inúteis
Um dia as crianças aprenderão palavras
que elas não compreenderão.
As crianças da Índia perguntarão:
"O que quer dizer fome?".
As crianças do Alabama perguntarão:
"O que é segregação racial?".
As crianças de Hiroshima perguntarão admiradas:
"O que é bomba atômica?".
E as crianças do resto do mundo perguntarão:
"O que é guerra?".
Tu lhes dirás, então, tu responderás:
"São palavras que não se empregam mais,
como diligência, galera, escravidão.
Palavras que não significam mais nada.
É por isso que foram retiradas dos dicionários" (1987, p. 70).

O desafio está lançado.

POSTURA DO PROFESSOR

Como em todo desafio, é preciso acreditar para comprometer-se.

O dia a dia na escola mostra o quanto cada um é diferente do outro. O que é incrível para um, pode ser um incômodo para outro. Com o projeto de educação para a paz não foi diferente. Inicialmente, um pequeno grupo acreditou e se comprometeu com a proposta. Com o passar do tempo, outros professores e professoras foram aderindo e se entusiasmando com o trabalho.

Passados cinco anos, apesar de mudanças visíveis no dia a dia da Escola, ainda existem resistências. Sabemos que resistências sempre existirão. Entretanto, é preciso buscar os motivos delas, pois a educação para a paz é um processo, está em constante construção, em constante mudança. O que ontem parecia ideal, hoje pode não mais servir.

A educação para a paz não se faz com grandes ações, mas se processa no cotidiano, na atitude de cada um, na relação com o outro, na postura diante das diversidades, na humanização das relações, já que muitas são as demonstrações de violência e desrespeito com o ser humano. É algo que vem de dentro, é preciso acreditar. Como num romance, é preciso se apaixonar (Anexo 1).

Entretanto, por mais que se acredite no projeto, percebem-se algumas incertezas. Incertezas que fazem parte do dia a dia de cada um de nós, dentro e fora da escola. Morin afirma:

> Que fique bem entendido: a reforma deve originar-se dos próprios professores e não do exterior. Pode ser estimulado por eles. Cito-lhes a frase de um filósofo cujo nome não será aqui referido: "É preciso que o corpo docente se coloque nos postos mais avançados do perigo que constitui a incerteza permanente do mundo". É justamente isso que devemos compreender neste fim de século XX: o mundo não gira sobre um caminho previamente traçado, não é uma locomotiva que anda sobre trilhos. Como o futuro é absolutamente incerto, é preciso pensar com e na incerteza, mas não a incerteza absoluta, porque sempre navegamos num oceano de incerteza por meio de arquipélagos de certezas locais (2002, p. 35).

É difícil lidar com as incertezas. O incerto nos assusta, e para nos proteger criamos resistências.

Certa tarde, em uma reunião com professores, quando emergiam resistências em relação ao projeto de educação para a paz, um dos presentes manifestou-se dizendo que, por insistir nesse projeto, a Escola assumia uma posição fundamentalista. É interessante destacar que na obra *Pedagogia da Esperança*, Paulo Freire utiliza o mesmo termo:

> É importante insistir em que, ao falar do "ser mais" ou da humanização como vocação ontológica do ser humano, não estou caindo em nenhuma posição fundamentalista, de resto, sempre conservadora. Daí que insista também em que esta "vocação", em lugar de ser algo *a priori* da história é, pelo contrário, algo que se vem constituindo na história (2003, p. 99).

A defesa do projeto de educação para a paz, proposto pela equipe diretiva e construído com os professores e professoras da Escola, não deve ser entendida como uma atitude ou uma posição fundamentalista, apenas é algo que se busca e no qual se acredita. Alguns dizem ser uma utopia. Como se poderia buscar a utopia sem se comprometer, sem se apaixonar?

Noutra reunião, foi afirmado que querer insistir numa relação mais tranquila, de paz, seria colocar as crianças em conflito, pois elas vêm de um ambiente familiar em que a violência é natural. Isso equivale a dizer que não existe nenhum caminho alternativo para essa realidade.

Segundo Maturana, a educação é um processo contínuo que dura toda a vida; os educandos confirmam em seu viver o mundo que vivenciaram em sua educação.

> O educar se constitui no processo em que a criança ou o adulto convive com o outro e, ao conviver com o outro, se transforma espontaneamente, de maneira que seu modo de viver se faz

progressivamente mais congruente com o do outro no espaço de convivência (1999, p. 29).

Dessa forma, entende-se que é fundamental propiciarmos vivências no ambiente escolar que promovam o resgate de valores que venham ressignificar as relações do ser humano consigo mesmo, com o outro e com o meio.
Entretanto, esse resgate de valores somente será possível se o professor ou a professora acreditarem na necessidade dessa ressignificação. Os valores não podem ser ensinados, podem ser vividos, e só se vive aquilo em que se acredita. Nesse sentido, afirma Paulo Freire:

> O sonho pela humanização, cuja concretização é sempre processo, e sempre devir, passa pela ruptura de amarras reais, concretas, de ordem econômica, política, social, ideológica etc., que nos estão condenando à desumanização. O sonho é assim uma exigência ou uma condição que se vem fazendo permanente na história que fazemos e que nos faz e refaz (1992, p. 99).

É importante para o crescimento da proposta que todos possam expressar suas inquietações, bem como ouvir os argumentos do outro. O falar e o ouvir nos levam à reflexão. Conforme Maturana:

> A reflexão é um ato na emoção no qual se abandona uma certeza e se admite que o que se pensa, o que se tem, o que se deseja, o que se opina ou o que se faz pode ser olhado, analisado e aceito ou rejeitado como resultado desse olhar reflexivo (2000, p. 31).

Constantemente são realizadas na Escola reuniões para avaliação do projeto de educação para a paz, para reflexão e planejamento dos próximos passos a serem dados.

Na reunião realizada no início de 2006, foi retomada a reflexão sobre o projeto de educação para a paz, verificando-se o que já foi construído, as fragilidades e os sonhos. Não fossem essas reflexões, correríamos o risco de repetir um discurso bonito, apenas por formalismo ou pela beleza das suas palavras e frases. Os resultados dessas reflexões nos levaram ao conceito do que é educar para a paz.

Para os professores e professoras da Escola Estadual de Ensino Médio Bandeirante, educar para a paz é...

- Festejar – União – Gostar de gente!;
- Abolir preconceitos – Acreditar na juventude – Criar e cuidar;
- Escutar – Estar comprometido – Ser calmo e paciente;
- Saber ouvir e observar – Ser solidário e tolerante – Ouvir; dialogar; amar;
- Educar para a justiça – Descobrir valores – Ter cuidado com o outro;
- Criar uma nova percepção – Colocar-se no lugar do outro;
- Dar voz e vez, promovendo a paz – Respeitar a individualidade de cada um;
- Resolver pacificamente os conflitos – Aceitar e respeitar as diferenças;
- Lutar por um mundo melhor – Reconhecer o outro como legítimo outro nas relações!;
- Comprometer-se consigo mesmo, com o outro e com o Planeta.

Entre os professores e professoras, existe a convicção de que educar para a paz é um caminho necessário e possível de ser trilhado. Entretanto, como em todo caminho desconhecido, há dificuldades e desafios, destacados nessa mesma reunião.

- Relações interpessoais – Autocontrole – Engajamento de todos;
- Ser compreendido – Avaliação – Entrega;

- Renovação constante – Vencer as resistências – Contagiar para a paz;
- Promover a integração – Viver a paz no dia a dia;
- Aplicar os valores no dia a dia – Trabalhar mais com a família;
- Encontro dos diferentes mundos – Como levar a todos a grande proposta;
- Conviver harmoniosamente – Resolver conflitos de forma não violenta;
- Sentir o respeito às diferenças – Mundo sem violência;
- Assegurar a continuidade do processo – Aprofundar vivências e conhecimentos;
- Criar um núcleo de educação para a paz, solidificando a rede;
- Envolver mais os pais para que contribuam com o processo;
- Liberar uma pessoa para coordenar o projeto dentro da escola;
- Falta de comprometimento de algumas pessoas;
- Sobrecarga de atividades, falta de tempo e encontros para aprofundar as discussões.

Essas dificuldades e desafios tornam-se, no nosso dia a dia, estímulo para levarmos adiante a construção do projeto, conforme Terezinha A. Rios:

> [...] poderíamos dizer aqui, de maneira análoga, que a melhor qualidade, que se pretende na prática docente, é uma "qualidade ausente" na medida em que se coloca sempre à frente, estimula projetos, tem um caráter utópico (2002, p. 138).

O que vem confirmar que, quando existe um coletivo comprometido, tudo é possível, inclusive buscar a utopia.

Construindo-se e reconstruindo-se na convivência

> O que eu penso a respeito da vida
> É que um dia ela vai perguntar
> O que é que eu fiz com meus sonhos
> E qual foi o meu jeito de amar
> O que é que eu deixei para as pessoas
> Que no mundo vão continuar
> Para que eu não tenha vivido à toa
> E que não seja tarde demais
> JORGE TREVISOL

PEQUENAS E SIGNIFICATIVAS AÇÕES NO COTIDIANO ESCOLAR

A educação para a paz não se faz com grandes ações, mas se faz na convivência, no dia a dia da escola. É uma pequena semente lançada que deve ser regada constantemente, para que germine e dê frutos, revelados em relações mais tranquilas e felizes. Dentre essas pequenas e significativas ações, destacamos: a construção de normas de convivência, o trabalho em grupo, o exercício da respiração e os valores no dia a dia.

OS VALORES NO DIA A DIA

Para que o caminho em busca de uma cultura de paz possa ser trilhado, se faz necessário resgatar alguns valores, muitas vezes esquecidos, outras vezes desconhecidos ou, quem sabe, desprezados no corre-corre em que se vive. Para isso, além de procurar vivenciar esses valores no dia a dia da sala de aula, algumas atividades são realizadas. É importante destacá-las, pois percebemos que passaram a fazer parte do cotidiano da escola, demonstrando ser significativas para as crianças. São três as situações aqui destacadas: o nome das salas de aula, o nome-adjetivo do aluno e a frase do dia.

Na realidade, essas atividades se resumem a um jogo de palavras. Podemos nos voltar à afirmação de Larrosa, sobre palavras:

> [...] a partir da convicção de que as palavras produzem sentido, criam realidades e, às vezes, funcionam como potentes mecanismos de subjetivação. Eu creio no poder das palavras, na força das palavras, creio que fazemos coisas com as palavras e, também, que as palavras fazem coisas conosco. [...] As palavras com que nomeamos o que somos, o que fazemos, o que pensamos, o que percebemos ou o que sentimos são mais do que simples palavras (2002, pp. 20-21).

Dessa forma, um destaque especial é dado a algumas palavras consideradas importantes para a proposta da Escola, em diferentes situações.

a) O nome das salas de aula

Até o ano 2004, as salas eram identificadas por números. O que nos dizem os números? Quantidade? De quê? Pensando na *impessoalidade* e na falta de significação do número, buscamos uma forma diferente de identificar as salas de aula, ou seja, por meio de palavras. Entretanto, não poderiam ser quaisquer palavras. Era preciso encontrar algumas que fossem significativas, ou que viessem ao encontro da proposta da Escola. Sendo assim, as salas das séries iniciais do Ensino Fundamental passaram a denominar-se: *união, respeito, solidariedade, cuidado, amor, amizade* e *esperança*.

É evidente a importância ou a necessidade de trabalhar essas palavras com as crianças, para buscar a sua significação ou ressignificação, pois seria ingênuo pensar que todos os problemas da turma pudessem ser resolvidos com um nome diferente na porta da sala de aula. Entretanto, percebe-se que os alunos vão assumindo para si e para a turma o nome da sala, cobrando dos colegas comportamentos condizentes com a denominação da sua sala, bem como procurando vivenciar o valor aí expresso.

b) O nome-adjetivo

A dinâmica do nome-adjetivo consiste na escolha, feita pelo próprio aluno, de um adjetivo ou uma palavra com sentido positivo para agregar ao seu nome; deve descrever uma qualidade do aluno e iniciar com a mesma letra do seu nome. Por exemplo: Isadora Inteligente, Juarez Justo, Caroline Carinhosa etc.

Essa dinâmica tem-se mostrado bastante significativa, pois o aluno ou aluna, ao assumir o seu nome-adjetivo, mostra-se mais confiante em si mesmo. É uma dinâmica que busca trabalhar a autoestima, além de ser um exercício de respeito e valorização do outro. A professora Simone Aneci Visentin Sordi, que participou de um dos projetos aqui mencionados, escreve em seu depoimento:

> E por falar em autoestima, nunca imaginei que o simples fato de acrescentar um adjetivo ao seu nome desse tanta imponência e valor ao seu próprio "eu". Assim sentiram-se meus alunos

quando, pela primeira vez, foram desafiados a encontrar uma qualidade pessoal que os identificassem.

É importante estimular o uso do nome-adjetivo sempre que se referir a outra pessoa ou a si mesmo, pois observando o comportamento da turma percebe-se que isso ajuda a evitar apelidos depreciativos e faz com que cada um vivencie aquela qualidade pessoal expressa com o seu nome. Cresce o respeito, o cuidado por si mesmo e pelo outro.

c) A frase do dia

Nas séries iniciais, é costume fazer uma oração no início da aula. Lembro-me dessa prática desde os tempos em que eu era aluna, há 35 anos. Muitas vezes, essa oração é realizada de maneira repetitiva, sem qualquer significado real para a criança. Outras vezes, a oração escolhida choca-se com diferentes religiões presentes nas nossas salas de aula. Entretanto, uma pequena reflexão no início da aula é interessante, é o momento do encontro do grupo. O que queremos? Pensando nisso e buscando uma maneira de incluir todas as crianças, independentemente de sua religião, no resgate de valores necessários para uma convivência feliz, chegamos à atividade denominada pelas crianças como a *frase do dia*. Para a sua realização, foram confeccionados cartões com algumas palavras consideradas importantes. São 14 cartões verdes com as seguintes palavras: quero, busco, compartilho, alcanço, realizo, ofereço, sinto, agradeço, festejo, espero, desejo, idealizo, vivencio, construo. Em outros 14 cartões vermelhos há as expressões: o carinho, a harmonia, a serenidade, o afeto, o equilíbrio, a paz, a felicidade, o amor, a fé, o cuidado, o respeito, a esperança, a alegria, o sonho (essa atividade foi inspirada no calendário do Banco do Brasil de 2005). No início de cada aula eram sorteados dois cartões, um verde e um vermelho. Para cada cartão sorteado era realizada uma pequena reflexão sobre a palavra apresentada. Podemos observar que qualquer cartão verde agrupado com um cartão vermelho forma uma frase, como *Vivencio o cuidado*. Formada a frase, realiza-se a reflexão para que todos, nesse dia, vivenciem ou procurem vivenciar o cuidado. É importante destacar que as crianças aguardavam ansiosas o sorteio da frase, que em seguida era transcrita e destacada no caderno. Além disso, também existia a cobrança da turma para o cumprimento da frase. Certo dia, quando da frase *Construímos a alegria*, fez-se necessário questionar um aluno sobre determinadas atitudes. Uma aluna, antes que a professora terminasse de falar, interfere: "Isso não é construir a alegria, né, professora?". Brincando, divertindo-se com o sorteio de palavras, com tentar adivinhar a palavra que seria sorteada, resgatam-se valores importantes para uma cultura de paz, na qual o cuidado consigo mesmo e com o outro é essencial.

Construindo normas de convivência

Todo início de ano é marcado pelo encontro de pessoas. Algumas já conhecidas, outras nunca vistas. Estão todas na mesma sala, para passar o ano inteiro juntas. Cada qual com suas singularidades, seus desejos, seus medos. É preciso conviver.

A lei determina um mínimo de duzentos dias letivos, oitocentas horas. É importante encontrar uma maneira de tornar todo esse tempo agradável. Para isso, são necessárias algumas combinações.

O professor poderia determinar algumas regras. Entretanto, há 2.500 anos, Confúcio (551–479 a.C.) dizia: "Diga-me, e eu esquecerei. Mostre-me, e eu lembrarei. Envolva-me, e eu entenderei". Sendo assim, é necessário envolver as crianças nas combinações da sala; para isso, todo início de ano são combinadas, após um levantamento de ideias e discussão, as normas de convivência. Essas normas são expostas na sala de aula. Entretanto, não se pode simplesmente expô-las, é preciso que sejam retomadas, lembradas. Com o passar do tempo as crianças estarão observando e cobrando o cumprimento das normas pelos colegas, tornando-se um exercício de liberdade. Porém, cabe destacar que essa liberdade não pode ser confundida com anomia ou anarquia. É a liberdade que, conforme Piaget, provém da "submissão do indivíduo a uma disciplina que ele mesmo escolhe e para a constituição da qual ele colabora com toda a sua personalidade" (1998, p. 154).

Em 2005, a primeira série do Ensino Fundamental definiu as seguintes regras:

> Normas da sala do *Cuidado* – Primeira Série – Turma 12
> - Ficar em *silêncio* quando alguém fala.
> - Cuidar e *respeitar* os colegas e a professora;
> - Ser *amigo* de todos;
> - *Brincar* sem machucar;
> - Cuidar da *sala de aula*, deixá-la sempre limpa e *arrumada*;
> - Fazer os trabalhos em silêncio;
> - Falar baixinho;
> - *Cumprir* o que combinamos.

Para se chegar a essas regras, um caminho foi percorrido: primeiramente, foi solicitado que cada criança refletisse em casa sobre: "O que é importante para que a nossa turma possa conviver bem em sala de aula?". O objetivo de solicitar essa reflexão como atividade de casa foi o de incentivar a discussão com os pais. No dia seguinte, a tarefa foi socializada nos grupos, os quais elegeram as normas que consideravam mais importantes. Depois, cada grupo teve a oportunidade de expor e discutir com toda a turma suas conclusões. Existia uma regra para a elaboração das normas: não se poderia usar a palavra *não*. Elaboradas as normas, foi solicitado que as crianças destacassem as palavras consideradas importantes. As palavras elencadas foram: *cuidado, silêncio, respeitar, amigo, brincar, sala de aula, arrumada, cumprir*. É preciso mais do que isso, numa turminha de primeira série?

Em 2006, o caminho foi um pouco diferente, entretanto, o comprometimento foi igual ou maior, já que se buscou, também, o compromisso dos pais. A construção das normas de convivência iniciou na sala de aula. As normas, listadas em aula, foram reproduzidas para ser levadas para casa, onde as crianças deveriam lê-las com seus pais e, juntos, complementá-las. Dessa maneira, o compromisso assumido envolveu as crianças, seus pais e a professora. O importante é encontrarmos o caminho que nos possibilite alcançar nossos objetivos da melhor maneira e com o máximo de comprometimento daqueles que estão conosco: a comunidade escolar.

No final de 2007, uma aluna da primeira série, escreveu:

> No comecinho da aula, a professora Glória falou em normas de convivência e nós não sabíamos o que era. Aí, a professora disse o que era normas de convivência: é respeitar os outros e a professora, agora entenderam? E todo mundo da nossa sala disse sim. Então foram dizendo e a professora colocou num papel. Começamos a falar um de cada vez. Todo mundo da nossa sala falou ser amigo de todos, resolver os problemas conversando, prestar atenção quando a professora fala, estudar muito, ser feliz e mais coisas e a professora encheu toda a folha. A professora, também, pegou um papelzinho e colocou para nós sabermos onde ler. E nós lemos tudinho e lemos com calma. Quando nós acabamos, a professora disse que nós escrevemos o que devemos fazer e todos da sala disseram que iam cumprir o que estava escrito. A professora também cumpre as coisas que estão no papel. E nós prometemos que íamos cumprir e nós escrevemos nossos nomes no papel (T. A.).

Construindo o coletivo: trabalho em grupo

Percebemos o desejo que nossos alunos e alunas demonstram de estar juntos, próximos, conversando, trocando ideias. É difícil para nós, adultos, estar sós no meio de outros, quanto mais de jovens e crianças, educandos e educandas de nossas escolas.

Piaget destaca que a criança é um ser ativo, em constante pesquisa, não pode ser vista como um ser passivo, cujo cérebro é preenchido pelo conhecimento transmitido pelo professor. E essa constante busca leva à colaboração e à troca que, consequentemente, leva à elaboração da razão e da personalidade. Continua Piaget:

> A cooperação, com efeito, é um método característico da sociedade que se constrói pela reciprocidade dos trabalhadores e a implica, ou seja, é precisamente uma norma racional e moral indispensável para a formação das personalidades, ao passo que a coerção, fundada apenas sobre a autoridade dos mais velhos ou do costume, nada mais é que a cristalização da sociedade já construída e enquanto tal permanece estrangeira aos valores racionais (1998, p. 141).

Acreditando na cooperação como um caminho possível de ser seguido, buscamos embasamento em Marta Kohl de Oliveira. Ela destaca que "falar da perspectiva de Vigotsky é falar da dimensão social do desenvolvimento humano". Mais adiante, reafirma:

> [...] Vigotsky tem como um de seus pressupostos básicos a ideia de que o ser humano constitui-se enquanto tal na sua relação com o outro social. A cultura torna-se parte da natureza humana num processo histórico que, ao longo do desenvolvimento da

espécie e do indivíduo, molda o funcionamento psicológico do homem (1997, p. 24).

Sendo assim, torna-se inviável o trabalho do professor e da professora, enquanto educador e educadora, em uma sala de aula cujos alunos e alunas sentam-se em filas, um atrás do outro, impossibilitando o diálogo entre eles.

Considerando o trabalho realizado desde o início do ano (2004), algumas crianças da 3ª série foram questionadas sobre o trabalho em grupo. As respostas surpreendem, pois conseguem resumir de maneira singela o que grandes estudiosos da educação nos afirmam e que nós mesmos, muitas vezes, queremos alcançar, sem saber ao certo que caminho seguir.

Seguem algumas respostas:

"É legal, todos se ajudam e todos se entendem. É importante porque nós todos fizemos os trabalhos juntos e um ajuda o outro."

"Eu gosto de trabalhar em grupo porque a gente pode se conhecer melhor."

"É bom porque a gente partilha as ideias."

"A gente consegue conviver em grupo; respeitar o outro."

"A gente aprende coisas diferentes com os outros colegas, coisas que a gente não conhece."

"É muito importante porque aprendemos a conviver com o outro e a ajudar os outros, pois assim, sempre que precisarmos, teremos ajuda."

Não é esse o cidadão que queremos formar? Pessoas solidárias, preocupadas com o outro? Além disso, ao mesmo tempo em que respeitam esse outro com suas dificuldades, admiram-no por ser portador de saberes diferentes dos seus, os quais podem ser partilhados solidariamente. Diante de situações como essa, nos encorajamos; sentimos a sensação de poder mudar, de estar no caminho certo. A espontaneidade das crianças e a sua sensibilidade nos fazem acreditar que a construção de uma sociedade mais solidária e mais justa é possível. Além disso, o envolvimento da criança na busca do seu conhecimento vem como consequência desse envolvimento com a turma. A sua não participação será cobrada, não pela professora, o adulto, mas sim pelo colega, a criança, seu igual. Ainda conforme Piaget:

> Foi somente quando a cooperação começou a prevalecer sobre a coerção que a liberdade individual tornou-se um valor necessário. A cooperação é o conjunto de interações entre indivíduos iguais (por oposição às interações entre superiores e inferiores) e diferenciados (em contraposição ao conformismo compulsório)... A cooperação supõe, então, a autonomia dos indivíduos, ou seja, a liberdade de pensamento, a liberdade moral e a liberdade política (1998, p. 153).

No momento em que o aluno encontra-se comprometido com a sua turma – os seus iguais –, o trabalho do professor fica mais leve, pois cada um se torna um pouco responsável pelo outro. Em momento algum, porém, o professor poderá descuidar de sua responsabilidade com todos os seus alunos. O professor é o adulto responsável pela orientação das crianças e adolescentes, e cabe a ele, professor, buscar o melhor caminho para o pleno desenvolvimento e o encontro da *felicidadania* pelos educandos. Cabe a nós, adultos, educadores e educadoras, oferecer às crianças e aos adolescentes possibilidades para o seu desenvolvimento. Conforme atesta Paulo Freire:

> Em todo homem existe um ímpeto criador. O ímpeto de criar nasce da inconclusão do homem. A educação é mais autêntica quanto mais desenvolve este ímpeto ontológico de criar. A educação deve ser desinibidora e não restritiva. É necessário dar-

mos oportunidade para os educandos serem eles mesmos (1979, p. 32).

E para "serem eles mesmos", a formação dos grupos dá-se pela eleição.

A eleição de grupos inicia-se com uma reflexão sobre como se quer a turma; elenca-se o que as crianças consideram mais importante para uma boa convivência. Pensando no que foi elencado, reflete-se sobre as qualidades que o aluno deveria possuir para se chegar à turma desejada. Faz-se uma votação, elegendo colegas que apresentem as qualidades listadas. É sempre solicitado que votem em dois nomes, pois assim podem votar em si próprios. Feita a votação, escolhem-se os mais votados para que cada um seja líder de um grupo. Caso haja empate, o desempate se dará com nova votação. Escolhidos os líderes, inicia-se a escolha dos componentes dos grupos, que deverão ser formados de maneira que possibilitem o que se deseja para a turma. No momento que um líder escolhe um colega, deverá apresentar uma justificativa que expresse a importância da permanência do colega escolhido no grupo. O colega escolhido deverá decidir se aceita ou não e, também, justificar a sua decisão. Combinam-se algumas regras antes do início da escolha, como: se o líder for menino, o primeiro colega a ser escolhido deverá ser menina, ou o colega escolhido não poderá ter participado do mesmo grupo do líder anteriormente; isso tudo para que as crianças possam conhecer colegas com os quais, aparentemente, não tenham nenhuma afinidade. São interessantes as palavras de Madalena Freire (1992, pp. 59-60) a respeito de grupo:

> Eu não sou você
> Você não é eu
> Mas sei muito de mim
> Vivendo com você

E você, sabe muito de você vivendo comigo?
Eu não sou você
Você não é eu
Mas me encontrei comigo e me vi
Enquanto olhava pra você
Na sua, minha insegurança
Na sua, minha desconfiança
Na sua, minha competição
Na sua, minha birra infantil
Na sua, minha omissão
Na sua, minha firmeza [...]
Eu não sou você
Você não é eu
Mas somos um grupo, enquanto
Somos capazes de, diferenciadamente,
Eu ser eu, vivendo com você e
Você ser você, vivendo comigo.

O grupo apresenta três momentos bem distintos. O primeiro momento é o encontro, o conhecer-se. Alguns conflitos se criam e às vezes precisam da ajuda do professor ou professora para resolvê-los. O segundo momento se destaca pela harmonia. Os integrantes do grupo já se conhecem, sabem das dificuldades uns dos outros, procuram aceitar-se e ajudam-se entre si. O terceiro momento mostra que uma nova eleição de grupo está por vir. Alguns vícios se criam e a harmonia é abalada. Fazendo uma avaliação com a turma, eles mesmos percebem a necessidade da mudança de grupos.

É interessante manter os mesmos grupos pelo maior tempo possível, pois é com o tempo que os vínculos se formarão. Madalena Freire afirma: "Um grupo se constrói através da constância da presença de seus elementos e na constância da rotina e de suas atividades"(1992, p. 65). E continua mais adiante: "Um grupo se constrói enfrentando o medo que o diferente, o novo provoca, educando o risco de ousar" (1992, p. 65). Depois de construído, teremos alunos capazes de ousar e de nos surpreender com o resultado do trabalho.

Consciência do próprio corpo: exercício de respiração

Para resolver conflitos de forma não violenta é preciso criar um ambiente tranquilo na sala de aula. É necessário que todos os envolvidos, ou seja, professor, alunos e alunas, vivenciem a experiência da escuta, do silêncio, do respeito.

Além disso, é importante para a criança a consciência da própria corporeidade, nesse sentido afirma Miriam Rosa:

> O sujeito tem que estar consciente de sua própria corporeidade. Aprender a manter-se centrado em seu próprio corpo, através do processo de respiração consciente, buscando reduzir a atitude responsiva a estímulos externos. [...] É usual a tendência da mente de se manter vagueando e, muito raramente, se dá a conexão entre corpo e mente. Este, talvez, seja o hábito fundamental a ser mudado para que possamos mudar o paradigma da convivência planetária.

Sendo assim, torna-se importante relatar a experiência do exercício de respiração, realizada com as crianças em sala de aula. Para esse exercício, elas devem estar sentadas de maneira confortável, com os pés apoiados no chão, as costas bem posicionadas no encosto da cadeira, os olhos fechados e a cabeça erguida, seguindo os seguintes passos:

1. Com a palma das mãos sobre as pernas, respirar devagar e profundamente, três vezes, sentindo o ar entrando e saindo do corpo.
2. Manter a palma das mãos sobre as pernas e juntar a ponta do indicador com a ponta do polegar. Respirar devagar e profundamente, três vezes.

3. Mantendo a palma das mãos sobre as pernas, encostar o polegar na palma da mão. O polegar ficará embaixo da mão. Respirar devagar e profundamente, três vezes.

4. Fechar os dedos sobre o polegar. Os dedos ficarão encostados na perna. Respirar devagar e profundamente, três vezes.

5. Mantendo a mão fechada, virá-la para cima. Respirar devagar e profundamente, três vezes.

6. Voltar à posição 1.

Além da calma e da tranquilidade visíveis no final da dinâmica, percebe-se o respeito que cada um tem pelo outro, pois os que acabam primeiro permanecem em silêncio até que a última criança termine seu exercício. Em momento algum, os que terminam antes tecem qualquer comentário a respeito do tempo que os outros levam para finalizar. Isso é cuidar do outro, respeitar a individualidade de cada um, além de ser um cuidado consigo mesmo.

Confirma esse cuidado Miriam Rosa, quando diz:

> [...] para meditar, não há necessidade de fixar a mente em algum ponto ou lugar, solicito que fechem os olhos como uma forma de recolhimento e redução dos estímulos visuais, de silenciamento do ruído da mente, de compreensão vivenciada de que mente e corpo são, essencialmente, um só, pois aceito tacitamente o que é dito por Bohm: A palavra meditação deriva da mesma raiz da palavra latina *mederi* cujo significado é de curar; e que ela está envolvida em uma espécie de medição do processo do pensamento levando a atividades internas da mente a um estado de medida harmoniosa. [...] vista como a chave essencial para uma vida saudável, feliz e harmoniosa.

Nesse sentido, também a professora Simone Sordi dá seu depoimento:

> O exercício da respiração ofereceu uma oportunidade diferente e sensível de permitir o conhecimento de seu próprio corpo: sentir, perceber e ouvir o corpo latente; apreciar os movimentos internos e entendê-los como partes que, no seu fazer, unem-se para, juntas, mover-nos, sustentar-nos, dar-nos como dádiva a condição da vida. Foi um aprender a tomar consciência, respeitar e gostar de si cada vez mais.

No final de 2007, uma aluna da primeira série escreveu sobre o exercício de respiração:

> Bom, a professora fechava toda a sala e todo mundo ficava em silêncio e fechava os olhos. Foi a professora que ensinou a gente e foi na sala de aula. Nós fazíamos os sinais nas pernas e as costas tinha que encostar na cadeira. Eu gostei de respirar e ficar quieta. Parecia que eu era anjo e eu estava voando no céu. Nós ficávamos mais ou menos dois minutos; dava vontade de ficar uns dez minutos, mas não dava. Quando a gente acabava eu ficava com sono, mas já passava. Eu não sei se a professora Simone faz com os alunos dela, deve fazer. A música que a professora botava, para mim, tinha barulho de uma ilha e passarinho. O Matheus disse que parecia que ele estava voando e é verdade. De tão quieto que a gente ficava, só dava para ouvir lá fora. Quando a gente respirava, quem estava cansado acabava de fazer a respiração já descansado. Quando a gente fazia a respiração parecia que nós íamos lá no céu e volta. É muito bom fazer a respiração (D.D.R.).

Quando a pessoa consegue gostar cada vez mais de si, encontrar a serenidade, juntamente com as pessoas com quem convive, torna-se bem mais fácil a resolução não violenta dos conflitos, conforme a proposta de educação para a paz da Escola.

CONHECER E RESPEITAR PARA CONVIVER E AMAR

O amor e o respeito nascem do conhecimento que temos de outras pessoas e da convivência com elas. Por esse motivo, é necessário que a escola proporcione às crianças momentos de conhecimento e convivência. Não se pode falar em educação para a paz se nos fechamos em nós mesmos. Nesse sentido, pensamos em trazer para este trabalho o relato, com algumas reflexões, de três projetos, envolvendo mais de uma turma, inclusive de séries e escolas diferentes.

Projeto "Vamos começar por nós? Vamos!"

O trabalho relatado a seguir foi desenvolvido por duas turmas, uma da terceira série e uma da quarta série do Ensino Fundamental, coordenado por suas respectivas professoras.

A proposta nasceu no início do ano letivo, a partir do planejamento participativo da escola, cuja opção de enfoque foi a *preservação da água no planeta*. As professoras preocupadas em engajar-se na proposta, acreditando no trabalho coletivo e na troca de experiências, propuseram a integração de suas respectivas turmas: pais, alunos e professoras.

Os objetivos definidos para o projeto foram os seguintes:

a) Promover oportunidades de construção de conhecimento, observação e reflexão, visando a uma mudança de atitudes diante das questões ambientais do nosso município.

b) Contribuir para a conscientização de que cada ser humano é parte do cosmos e, portanto, responsável pela preservação do ambiente de forma autossustentável.

c) Criar espaços de reflexão para a formação de uma visão holística que leve à convivência na diversidade, com aceitação e respeito a si próprio e ao outro.

d) Motivar para a *felicidadania*.

Sabemos que a modernidade, juntamente com o progresso da ciência, nos descortina um cotidiano de intensas transformações que se constituem numa faca de dois gumes, pois ao mesmo tempo em que acenam para um futuro promissor e de facilidades para a espécie humana, gera dúvidas e incertezas em relação à própria continuidade do ser humano no planeta Terra.

Nesse contexto, a escola desponta como agente articulador e formador de cidadãos críticos, reflexivos e solidários, agentes de transformação da realidade, com consciência de valorização e preservação da vida e efetivação na prática de hábitos e atitudes saudáveis, pois não basta termos consciência, é preciso atos concretos, a fim de que todos os seres humanos possam ter uma vida digna e feliz.

É nosso desejo apresentar as reflexões e construções realizadas por nós, por nossos alunos e suas famílias no desenvolvimento deste projeto, não como a solução mágica dos problemas do nosso cotidiano, mas sim como alternativas para uma tomada de consciência e ressignificação do ato pedagógico, partindo de ações concretas.

Para o desenvolvimento das ações do presente projeto, empregamos a metodologia que já faz parte do nosso fazer pedagógico, fundamentada no paradigma construtivista, priorizando a dialética e a dialógica como fonte de aprendizagem; valorizando os conhecimentos prévios dos educandos, a partir dos quais busca-se a apropriação de novos conhecimentos, de forma que todos os envolvidos no processo sejam *aprendentes* e *ensinantes*.

Inicialmente realizou-se a atividade "Conhecendo o ambiente, mudando atitudes", com um passeio pelo Arroio Barracão (arroio que recebe o esgoto da cidade, além de todo tipo de lixo), pelo lixão da cidade e pela trilha na mata que leva à margem do Rio Carreiro, onde desemboca o Arroio Barracão. Ali chegando, realizou-se uma atividade de sensibilização: "Sentir a natureza".

Essa atividade foi realizada num sábado à tarde para que os pais também pudessem participar com tranquilidade. Na volta do passeio, foi solicitado aos pais que registrassem por escrito suas observações. Dessas observações foi redigido um relatório (Anexo 2), o qual foi subsídio para discussão em aula sobre a situação do nosso ambiente, além, logicamente, das observações das próprias crianças.

Das reflexões e discussões, desencadeadas pelo passeio, surgiu a necessidade de se fazer algo concretamente em relação à realidade ambiental e social constatada. Assim, surgiu o *slogan*: "Vamos começar por nós?".

Em consenso, as crianças assumiram o primeiro compromisso: refletir com seus pais sobre ações concretas para melhorar o ambiente em que vivemos. Muitas sugestões foram apresentadas destacando a relação com o meio e, também, com as outras pessoas e consigo mesmo. Com base nas ideias apresentadas, as professoras organizaram o mapa conceitual que norteou as atividades desenvolvidas no decorrer do ano letivo.

Na organização do mapa, teve-se o cuidado de incluir todas as propostas das crianças. No dia 11 de junho, após sensibilização e troca de mensagens entre os alunos, apresentou-se o mapa conceitual, o qual foi aprovado por unanimidade, com o acordo de que poderia sofrer modificações ou ajustes sempre que se fizessem necessários.

A partir desse momento, decidiu-se que toda segunda-feira seria dia de encontro das duas turmas: da terceira série com a quarta série.

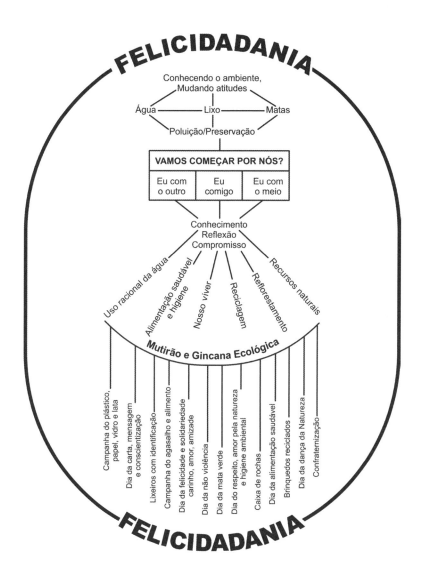

Os dias de encontro eram organizados pelas professoras, procurando-se evidenciar alguns pontos considerados importantes:

Sensibilização: por meio de mensagens, músicas, poesias, buscando a expressão de sentimentos, da afetividade, a solidariedade e a esperança.

Avaliação da semana: sempre organizada de formas variadas: individual, grupal, oral, por escrito, por palavras-chave, por desenho, levando a refletir sobre as atitudes do dia a dia.

Conteúdos: conforme sugestão das crianças, reciclagem do lixo, higiene, saúde, uso racional da água, reflorestamento, nosso viver, nossas origens, recursos naturais.

Compromisso: tendo em vista a avaliação realizada e os objetivos do projeto, conjuntamente era decidido o compromisso da semana. Entre eles: campanha do agasalho, doação de brindes para a quermesse da Escola, elaboração de mensagens de amizade, elaboração de carta de conscientização por um mundo melhor, compromisso do abraço, economia de água, de luz, cuidado com o lixo que produzimos.

Muitas atividades foram desenvolvidas no decorrer do projeto:
- A invasão do abraço no dia do amigo, ocasião em que as crianças invadiram todas as dependências da Escola e as ruas do centro da cidade distribuindo abraços. Foi surpreendente a espontaneidade das crianças e a reação das pessoas não acostumadas a esse toque.
- A quadrilha de São João apresentada na quermesse, forma de colaboração, integração e participação nas atividades organizadas pelo CPM da Escola.
- A entrega dos agasalhos a três entidades da cidade escolhidas pelas crianças, em cerimônia simples no pátio da escola, num clima carregado de emoção.

- O judô, caminho da suavidade: atividade realizada com a equipe de judô da nossa cidade, que deu destaque ao cuidado com o outro.
- A construção de brinquedos com material reciclado: essa atividade demonstrou muita criatividade, tanto na confecção dos brinquedos como no tipo de material selecionado pelas crianças. No final, foi produzido um polígrafo com as receitas dos brinquedos.
- A realização da *Recimostra*, exposição de produtos confeccionados com material reciclado por pessoas da comunidade, que resultou num curso de bonecas de pano para todos os interessados, independentemente de ser aluno das turmas envolvidas no projeto.
- O Seminário Integrador, ponto maior do projeto (Anexo 2). Realizado à noite, todas as crianças participaram, trazendo também para a Escola seus familiares para conhecerem o trabalho realizado. Pode-se dizer que foi um momento para celebrar as conquistas; contou com relatos, músicas, danças, poesia, desfile de brinquedos reciclados e homenagens. Todas as crianças participaram dançando e muitas enfrentaram o microfone. A preparação do seminário também contou com a participação das crianças, desde a elaboração dos textos até a decoração do ambiente. Mas o mais importante a ser destacado é que foi uma noite de muita emoção. E quando se toca o coração é porque valeu o esforço, valeu o trabalho.
- Para finalizar, aconteceu o piquenique, o contato direto com a natureza. Essa também foi uma atividade muito significativa, pois além da recreação, da confraternização, foi mais um momento de reflexão, de estudo e de ação concreta. Foram plantadas 36 mudas de árvores, na tentativa de proteger um riacho cuja margem fora desmatada. Antes do plantio, foi feita

a identificação das mudas das árvores. É importante destacar que foi realizado um estudo anterior a respeito de cada planta e, cada grupo, nesse dia, socializou as suas descobertas.

Destacamos alguns pontos que consideramos importantes no decorrer do projeto:

- O mapa conceitual foi elaborado com base nas ideias dos alunos e alunas, por isso era o "nosso" projeto. E por ser o "nosso" projeto, o envolvimento de cada um era visível.
- Nos momentos de conversação, os participantes nos surpreendiam com observações simples, mas de enorme significado sobre os mais variados assuntos: sobre o lixo que produzimos, sobre a amizade, sobre o respeito pela caminhada do outro, sobre por que ajudar.
- Percebemos uma integração natural nas atividades em grupo, mesmo sendo alunos de séries diferentes.
- O trabalho refletiu-se em casa, na família. Conforme relato da tia de uma aluna, um menino de três anos de idade insistiu para que a mãe recolhesse um papel que ela havia jogado no chão, pois a prima, aluna da 4ª série, explicou para ele que o lixo não deve ser colocado na rua.
- A iniciativa dos alunos de trazer para a escola textos e poesias por eles encontrados em casa para ser lidos para os colegas.
- A superação das dificuldades como a timidez; todas as crianças dançaram diante de um auditório lotado (cerca de cem pessoas); muitos enfrentaram o microfone e outros brincaram com os pais recitando uma poesia.
- A facilidade com que conseguíamos silenciar e ouvir: ouvir o colega, ouvir a canção, ouvir e sentir a natureza, sentir e expressar a emoção.

Loiri de Fátima Alves, professora titular de uma das turmas integrantes do projeto, destaca em seu depoimento:

> O que mais chamou a nossa atenção (professoras) foram as ideias que iam surgindo, cada aluno querendo colaborar de alguma maneira para que tudo desse certo. A responsabilidade que cada um assumiu diante do projeto, da sua divulgação, não somente entre outros alunos, mas em casa, com seus familiares, sobre a importância de cada um fazer parte desse projeto foi impressionante. A troca de experiência e o respeito entre eles, até na questão de conhecimentos por serem de 3ª e 4ª séries, foi outro ponto que vale a pena ressaltar. Todos se valorizavam e cobravam uns dos outros a participação. O mais importante é que sentiam a necessidade de estar juntos, de trocar ideias e, ao final do ano, estavam preocupados com a separação e com a continuidade do trabalho.

Tentamos descrever um pouco da nossa experiência, mesmo sabendo que as palavras não conseguem revelar a plenitude dos momentos vivenciados, tampouco a intensidade das emoções e sentimentos que permeiam as aprendizagens de todos os envolvidos nesse processo.

Projeto "Convivendo com o outro"

A educação, atualmente, vive o desafio de dar respostas a incessantes incertezas, indicar caminhos, diante de tantos oferecidos e questionados, num mundo em constante transformação. Essa modificação profunda na existência humana coloca-nos perante o dever de compreender melhor o outro, de compreender melhor o mundo, de cultivar a compreensão mútua, a ajuda pacífica e harmoniosa, valores de que o mundo mais carece.

João Vicente Silva Souza diz:

Sabemos, também, de quanto mudamos nosso olhar sobre outras culturas, outros povos, outros costumes quando os conhecemos melhor, e o quanto nos modificamos com isso. Na medida em que nos conhecemos, enquanto humanidade, realizamos um percurso que, mesmo com os percalços conhecidos, parte da intolerância para outros patamares: tolerância, aceitação, compreensão... Se uma das condições para compreendermos nossos mundos interiores e exteriores reside em conhecê-los com e através da presença do outro, por que não realizarmos isto como um dos princípios fundamentais na educação? (2002, p. 96).

Assim, pensamos na busca de caminhos alternativos, coerentes com o propósito educativo de resgatar valores por meio de um projeto conscientizador, participativo e emancipatório chamado *Convivendo com o outro*.

O objetivo fundamental desse projeto consistia em proporcionar momentos de encontro entre a primeira série 12, Turma do Cuidado, da Escola Estadual de Ensino Médio Bandeirante, e a segunda série, da Escola Municipal de Ensino Fundamental Alexandre Bacchi. Participaram do projeto 46 crianças e suas respectivas professoras. O ponto de referência para o trabalho foi nossa inserção no mundo, com respeito a outras culturas, crenças e sentido ético, para despertar a consciência de valores e limites na construção de um mundo mais solidário e pacífico e desencadear o comprometimento com a paz, buscando alternativas contra as diversas formas de violência e contra tudo o que nega a dignidade humana e o estado de direitos.

Nesse sentido, buscamos reconstruir os caminhos que permeiam o ensinar e o aprender, pensando o aluno como sujeito histórico, no tempo e espaço, considerando todos os aspectos da vida cidadã, da saúde, da sexualidade, da vida familiar e social, do meio ambiente, do trabalho, da ciência e da tecnologia, da cultura e das linguagens, tendo por pano de fundo a *paz, o respeito à diversidade* e a *resolução não violenta de conflitos*.

Nossos objetivos foram:

- Oferecer às crianças momentos de reflexão que levem à convivência na diversidade, com aceitação e respeito a si próprio e ao outro.
- Promover a integração entre alunos de escolas distintas, com sua diversidade sócio-político-cultural.
- Proporcionar momentos de convivência que despertem a afetividade e o querer estar com o outro.
- Motivar para a *felicidadania*.

As atividades desenvolveram-se em encontros mensais, intercalados – um em cada escola –, iniciando no mês de agosto, dia 16/8/2005. Nesses encontros, procuramos proporcionar às crianças momentos de reflexão, relaxamento e integração. Buscamos produções textuais, artísticas e corporais, favorecendo a troca de vivências com atividades de grupo. Utilizamos músicas, poesias, expressões verbais e não verbais. Todas as atividades eram combinadas juntamente com as alunas e alunos e enriquecidas com suas sugestões.

Foram momentos muito significativos para ambas as turmas. No primeiro encontro, percebemos uma espécie de barreira invisível entre as crianças, como afirma Simone Anecí Visentin Sordi, professora titular da segunda série 201, da Escola Municipal Alexandre Bacchi, integrante desse projeto:

> Quanto às relações, no primeiro encontro percebi atitudes pouco amistosas por parte de algumas crianças da minha turma e que geraram um certo constrangimento pela forma mais agressiva com que reagiram à visita da Turma do Cuidado – o que é compreensível se considerarmos essa reação como uma forma de autodefesa, como se alguém estivesse invadindo o seu ter-

ritório e até normal dentro da vivência dessas crianças: receber pessoas de uma escola do centro da cidade e que consideram de maior poder econômico. Porém, no decorrer dos encontros, essa postura foi amenizando e dando espaço para amizades consolidadas, maior respeito e mais tranquilidade nas relações.

Foram encontros prazerosos, oportunidades diferenciadas e únicas; a construção do conhecimento perpassou o currículo escolar e atingiu níveis de conhecimentos e éticos em que o conviver, a troca, as novas amizades aconteceram de uma forma simples, natural, e que deveria ser a verdadeira função da escola diante de um mundo que se apresenta, a essas crianças, cada vez mais desumano, individualista e de valores éticos distorcidos pelas disputas de poder.

No decorrer do projeto, recebemos visitas muito significativas, principalmente para as crianças que se sentiram valorizadas. Estiveram conosco o monge Celso Carpenedo, do Mosteiro da Anunciação de Goiás Velho, e a professora Nara Zanoli, vinda da Itália para participar de algumas atividades da Escola, diretamente relacionadas à proposta de educação para a paz.

No último encontro, foi realizada a avaliação das atividades pelas crianças que nos surpreenderam, pois conseguiram verbalizar muito do que buscávamos sem nunca termos falado. Demonstraram uma grande sensibilidade e, mais uma vez, percebemos que o nosso trabalho é muito gratificante. Vale a pena transcrever esta avaliação:

Foi legal e vou levar para a minha vida:
- o nome do projeto: convivendo com o outro;
- o encontro com os colegas;
- a presença do Juarez Strasburger;
- a dinâmica da respiração;

- aprender a fazer a garça;
- ouvir a história da garça;
- conhecer a Escola Bandeirante;
- as atividades: música, o escrever sobre o projeto, os cantos, as brincadeiras, as danças;
- brincar com o outro no recreio;
- o nome-adjetivo, os cartões e a música "Imaginem";
- o cartaz;
- as apresentações;
- ter amor e paz com os outros;
- os trabalhos em grupo;
- a merenda – todos foram educados;
- a visita da Nara e do Celso.

Vamos deixar para trás, pois não foi legal:
- as conversas fora de hora;
- quando as professoras chamaram a atenção;
- as brincadeiras bobas;
- as brigas por causa da fila;
- quando não cumpriam o combinado;
- os gritos, as correrias, os pulos, os empurrões;
- o trabalho com os nomes (um pouco).

Para finalizar, transcrevemos parte do depoimento da professora Simone Aneci Visentin Sordi:

Dar às crianças a possibilidade de conhecer melhor a realidade em que vivem e permitir que reflitam sobre essa realidade é, com certeza, levá-las a desvendar valores necessários para que possam transformá-la de uma maneira mais crítica e responsável. Ou, então, estaremos apenas "repassando" ideias e verdades e privando seres humanos de conhecer-se, respeitar-se e cuidar-se. Quando esses conceitos estiverem consolidados, com certeza estarão presentes na forma de relacionar-se consigo, com o outro e com o meio que os cerca.

Pensamos ser o projeto aqui relatado uma boa semente lançada à terra fértil, que é a mente aberta e criativa de nossas crianças; nós a vimos germinar a cada dia, a cada encontro, em cada olhar, em cada sorriso franco e no desejo de aprender estampado no rosto delas. É isso tudo que nos impulsiona em nossa nobre missão de educar, dando-nos a certeza de que a construção de um mundo melhor é possível.

Acampamentos das Crianças da Paz

Os Acampamentos das Crianças da Paz são momentos únicos, muito significativos e marcantes. São organizados no final do ano letivo, pois, após um ano de atividades relacionadas à construção de uma cultura de paz e não violência, constituem uma oportunidade para as crianças se apoderarem do projeto e se comprometerem com ele. Sendo assim, a atividade foi organizada de maneira a proporcionar às crianças momentos de descontração, descobertas, reflexões e vivências de espiritualidade. As crianças têm a oportunidade de parar, ver, deixar acontecer, viver, experimentar o que, conforme Larrosa, não acontece, ou não nos acontece pela imensa falta de tempo. Seria um momento de experiência, afirma.

> A experiência, a possibilidade de que algo nos aconteça ou nos toque, requer um gesto de interrupção, um gesto que é quase impossível nos tempos que correm: requer parar para pensar, parar para olhar, parar para escutar, pensar mais devagar, olhar mais devagar, e escutar mais devagar; parar para sentir, sentir mais devagar, demorar-se nos detalhes, suspender a opinião,

suspender o juízo, suspender a vontade, suspender o automatismo da ação, cultivar a atenção e a delicadeza, abrir os olhos e os ouvidos, falar sobre o que nos acontece, aprender a lentidão, escutar os outros, cultivar a arte do encontro, calar muito, ter paciência e dar-se tempo e espaço (2002, p. 24).

Essas palavras remetem-nos aos objetivos propostos para os acampamentos:

- Promover a harmonia das crianças com a natureza em momentos de descontração e brincadeira.
- Buscar e vivenciar o cuidado consigo mesmo, com o outro e com o meio.
- Proporcionar o lazer e o contato com a natureza num lugar aprazível.
- Favorecer o desenvolvimento da autonomia das crianças, ficando longe dos pais um dia e uma noite, cuidando de si e dos seus pertences.
- Realizar a confraternização de final de ano.

Tendo clareza nos objetivos, parte-se para a parte prática, ou seja, a escolha do lugar, o convencimento dos pais e mães e a obtenção de sua autorização, a organização do lugar, a reserva do material necessário, a alimentação e a organização das atividades.

Escolha do lugar. Nossa responsabilidade é muito grande quando estamos com nossos alunos e alunas. Por isso, é importante que tenhamos segurança e que conheçamos bem o lugar onde pretendemos realizar a atividade. Visitar o lugar, antecipadamente, é essencial para, a partir daí, pensar em toda a organização. Uma pessoa com conhecimento de toda a área e que possa responsabilizar-se pelos roteiros das trilhas é indispensável. Em nossos acampamentos, optamos por uma área rural, cujo proprietário tem grande envolvimento com o projeto da Escola, o que colaborou muito, inclusive, para alcançarmos os objetivos a que nos propomos.

Autorização dos pais ou responsáveis. Definido o lugar, é hora de convencermos os pais e as mães da importância da participação do filho ou filha para o seu crescimento como pessoa, como cidadão. Os pais mostram-se receosos. Para muitas crianças, é a primeira vez que dormem fora de casa, ou longe de seus pais e demais familiares. Além disso, existe a preocupação do machucar-se, do não se alimentar da forma desejada, do não dormir sem bico ou mamadeira (convém lembrar que são crianças de 7 anos e, algumas, ainda têm esses hábitos) e mesmo de fazer xixi na cama – preocupação de várias crianças no acampamento de 2007. Para obter êxito no convencimento dos pais, é necessário termos claros os objetivos, passarmos segurança quanto ao alojamento, à alimentação e às atividades a ser realizadas. Temos feito reuniões de pais com o propósito de sanar todas as dúvidas existentes. A autorização escrita dos pais ou responsáveis é indispensável.

Organização do espaço físico. Para o êxito do acampamento, é importante que todo o espaço físico seja planejado anteriormente. É preciso definir onde ficarão os colchões, onde serão realizadas as refeições, onde as crianças deixarão as suas mochilas e os seus pertences. Deve-se também reservar o espaço para a realização das dinâmicas, E, enfim, é importante que tudo seja planejado com antecedência, para que, no decorrer do acampamento, nossa única preocupação seja o cuidado com as crianças e a realização das dinâmicas. Outro ponto significativo é a decoração do lugar, que deve estar relacionada com o tema do acampamento, ou seja, a convivência, o cuidado, enfim, a construção de uma cultura de paz. Temos usado as bandeiras da paz, as garças de Sadako (dobraduras japonesas; ver Anexo 3), o nome-adjetivo de cada um escrito em tiras coloridas, o logotipo do acampamento e outros recursos. Também é usada uma faixa na entrada da propriedade com os dizeres *Acampamento das crianças da paz*. A criança deve sentir que esse é um momento único, que o lugar foi especialmente preparado e que cada um que aí está é especial.

Material necessário. É indispensável preparar uma listagem com todo o material necessário para os dois dias do acampamento, seja para a alimentação e higiene, seja para a realização das atividades. Além disso, temos criado logotipos especialmente para os acampamentos.

Os logotipos são impressos nos crachás, nas bandanas coloridas (usadas para identificar grupos em determinadas atividades) e nas mochilinhas oferecidas às crianças para facilitar o transporte de água e lanche nas trilhas.

2007

Alimentação. Tudo deve ser providenciado anteriormente. O cardápio deve ser pensado com carinho, algo que alimente e que agrade às crianças. O primeiro lanche da tarde é comunitário, ou seja, cada criança colabora com algo que é partilhado, e as demais refeições são preparadas por voluntários: pais, alunos maiores, professores e familiares. O importante é ter uma pessoa responsável para que os professores, responsáveis pelas crianças, possam dedicar-se inteiramente às dinâmicas.

Organização das atividades. As atividades desenvolvidas devem buscar o cuidado consigo mesmo, com o outro e com o meio. Pensamos ser indispensável iniciar o acampamento com as combinações, ou seja, com as normas de convivência, cuja construção é coletiva – cada um colabora com a sua opinião; se as ideias forem divergentes, busca-se o consenso. Em seguida, passamos para a apresentação e a dinâmica do nome-adjetivo (nome que deve ser repetido em todos os momentos em que o aluno expuser a sua opinião); seguem as atividades que levam à afirmação do grupo, cujos integrantes conviverão nos dois dias, e à autoestima. Após esse primeiro momento, as atividades são organizadas de acordo com o tempo e o espaço disponíveis, sempre direcionadas à convivência, à integração, ao afeto, à confiança e à reflexão. Temos contado com a colaboração de monitores, comprometidos com o projeto. A organização das atividades auxilia muito na realização das dinâmicas, bem como no envolvimento e no crescimento de todos: crianças, professores e monitores.

Em nossos Acampamentos destacamos:

As trilhas

As trilhas ecológicas favorecem o contato direto com o meio ambiente. São momentos de experimentar sensações únicas, inéditas para algumas crianças, momentos de render-se à mãe terra e observar os mistérios da natureza, buscando, a partir dessa vivência, o respeito pelo meio que nos possibilita a vida.

São quatro trilhas distintas: a trilha dos açudes e dos potreiros, a trilha do trilho de trem, a trilha do morro e a trilha do riacho, caminhos que nos possibilitaram observar a natureza na sua essência, bem como a ação das pessoas. Procuramos destacar a beleza e a pureza da natureza. Para muitas das crianças, foram atividades inéditas, o que nos surpreendeu, pois vivemos numa cidade pequena, do interior. Talvez o modo de olhar a natureza tenha feito a diferença e tornado o passeio tão significativo e prazeroso.

Além da vivência e do contato direto com a natureza, pudemos observar entre as crianças situações de solidariedade, dúvida, medo, superação, compreensão, evidenciada pelo respeito em relação ao tempo de que cada um precisava para realizar a caminhada e transpor os obstáculos encontrados nas trilhas. Durante essas atividades, era destacada a necessidade de caminhar com o outro: auxiliando, amparando, cuidando.

É pertinente destacar os momentos de silêncio em meio à natureza para ouvi-la e senti-la, bem como para ouvir o colega enquanto este verbalizava as suas sensações. Pudemos perceber o respeito que as crianças demonstravam umas pelas outras.

Nesse contato com a natureza, tivemos também momentos de adrenalina, susto, tensão e choro: a fuga dos bois no potreiro, o susto com a quase mordida da cadela, o ataque das formigas e o choro pelo contato de lagartas com a pele. Entretanto, esses episódios não interferiram negativamente no passeio. Ao contrário, contribuíram para uma reflexão que levou, com muita facilidade, as crianças a perceberem que tudo isso só aconteceu porque nós invadimos o espaço dos animais.

A fogueira
À noite, temos o que se pode chamar de ritual da fogueira. Esse momento, como muitos outros, é bastante significativo.

Cada criança recebe uma folha de papel em branco; pede-se que cada uma imagine e registre nessa folha tudo o que gostaria que não existisse no mundo.

Depois, cada uma diz em voz alta o que imaginou, amassa a folha e a joga na fogueira, simbolizando que o fogo destrói e transforma. Surpreende-nos as colocações das crianças, mostrando o nível de consciência de cada uma, pois conseguem listar as muitas formas de violência existentes nos nossos dias.

O passeio cego
Além de ser divertida, essa dinâmica é muito importante para as crianças. É um momento de superação, de vencer medos, de confiança e de cuidado com o outro. Consiste em percorrer um trajeto em duplas, sendo que uma das crianças está de olhos vendados e a outra deve orientar e cuidar do colega.

O painel de recados

É preparado um painel e disponibilizado papel, canetas e cola para que as crianças, durante o acampamento, deixem o seu *Recado de paz*. Atividade simples, mas significativa.

O compromisso do anel de tucum

Essa dinâmica tem sido de extrema importância nos acampamentos. É um momento surpreendente em que cada criança assume o seu compromisso na construção de uma cultura de paz. Escolhe-se um lugar especial, prepara-se um recipiente, uma cesta, onde são colocados os anéis de tucum (feitos com uma espécie de coco e símbolo de lutas sociais). Após um momento de reflexão, os anéis são apresentados e oferecidos às crianças. Quem deseja assumir o compromisso da construção de uma cultura de paz dirige-se à cesta, pega o seu anel e se compromete, dizendo ao grupo o seu nome-adjetivo e por que deseja usar o anel. São momentos emocionantes. Após os acampamentos, o anel continua sendo o compromisso de cada um com a cultura de paz.

Realizamos o Acampamento das Crianças da Paz desde 2005. Reproduzimos aqui alguns momentos.

Observando os animais

Escalando barrancos: momento de superação

O apoio e o cuidado do colega

Caminhando no banhado

O riacho refrescante e livre de poluição

Momento de oração

Sobre essa experiência, Dirce Maria Devilla, professora de Educação Infantil da nossa Escola, que fez questão de nos acompanhar, relata em seu depoimento:

> Era notável a alegria, a animação e a expectativa de passar a noite fora de casa. Para muitos foi a primeira noite longe dos pais. Isto foi bom para a construção da sua autonomia. Para outros foi um momento de superar seus medos.

Carmen Defendi, professora da primeira série, conta:

> Fizemos duas trilhas ecológicas em meio aos gramadões lindos e matos, com direito a andar de cipó, caminhar por dentro do riacho e banho de cachoeira. Todo o cuidado e atenção com a destinação do lixo e preservação da natureza.

Tudo era aventura e conhecimento para os alunos, que lembravam e relatavam com entusiasmo, como conta a professora Dirce Maria Devilla:

> Como o prometido, na manhã de sábado, bem cedinho, cheguei ao acampamento. Estavam ainda dormindo. Ao acordarem iam contando as aventuras da tarde anterior: a trilha, o susto que levaram dos bois, a observação das estrelas e o ouvir os barulhos da noite. [...] Após o café, nos preparamos para o primeiro passeio do dia, uma trilha. O senhor Romeu Paulo Breda, proprietário das terras, nos guia por uma aventura inesquecível: subir morro, descer, escalar barranco, caminhar nos trilhos de trem, pular nas poças d'água, observar os bois e bezerros, parar para ouvir os sons da natureza.

Podemos perceber o quanto é marcante e significativa essa atividade também em alguns depoimentos das crianças. Destacamos:

"A gente fez trilha noturna e a promessa do anel e queimamos no fogo as maldades", Francisco Forte.

"Nós fomos de noite jogar na fogueira tudo que há de mal", Ana Amorosa.

"Eu, Andrei Amigo, queria deixar uns recados das crianças da paz e ser amigo de todos e ter paz e esperança e alegria e cuidar dos outros e de mim mesmo."

"Para fazer um mundo melhor: amor, alegria, amizade, carinho, paz, cuidar da natureza", William Inteligente.

"Recadinhos! Gostei muito do acampamento e eu me diverti muito. Eu amei o acampamento e também de andar de trator", Anna Amiga.

"Professora, eu adorei, muito legal o passeio de trator, o banho de rio e a gente ganhou um anel e foi muito legal", Ana Amorosa.

"Este acampamento está muito legal. Eu estou adorando o acampamento", Renato Responsável.

"Nós fizemos trilha no mato e também nós tivemos minutos de silêncio", Anna Amiga.

"Eu fui ao acampamento das crianças da paz e quando chegamos lá no Romeu a gente fez um nome-adjetivo e o meu nome-adjetivo é Ana Amorosa."

"Quando nós chegamos lá nós conversamos sobre o nome-adjetivo. O meu nome-adjetivo é Giuseppe Gentil. E depois do nome nós fizemos um lanche."

"Nós fizemos uma brincadeira que se chama passeio cego, muito legal", Francisco Forte.

"O passeio cego era uma brincadeira de confiança e tinha que indicar o caminho certo para o colega que estava de olhos vendados", Maurício Maravilhoso.

Nos Acampamentos, todos os momentos são surpreendentes, pois no dia a dia da sala de aula não conseguimos transmitir para o nosso aluno o que vivemos em dois dias, passeando, brincando, rindo, cantando, fazendo as refeições e dormindo juntos.

Finalizando, sempre que realizamos uma atividade, procuramos aprimorá-la. Para isso, nesse ano, pedimos aos pais que avaliassem o acampamento, encaminhando para casa dos alunos o seguinte texto:

Pai! Mãe!
O tão esperado acampamento das crianças aconteceu!
Nós nos empenhamos bastante, pois era nosso desejo que tudo fosse especial para o seu filho, para a sua filha.
Agora, gostaríamos que você, pai, mãe ou responsável, desse a sua opinião. Baseado(a) no relato de seu filho ou filha, gostaríamos que nos falasse sobre o ACAMPAMENTO DAS CRIANÇAS DA PAZ.
O que lhe chamou mais a atenção? O que poderia ter sido diferente? Do que seu filho mais gostou?
Você considera essa atividade importante para o crescimento do seu filho ou filha? Por quê?

Foi unânime, entre os pais das crianças, a afirmação de que a experiência vivenciada por elas tornou-se algo inesquecível e único na vida de cada uma. Experiências essas que levarão para a vida toda, bem como todo o conhecimento construído nesse curto espaço de tempo, de maneira tão concreta e descontraída.

Transcrevemos alguns depoimentos dos pais.

"Gostei muito do Acampamento da Paz. Meu filho estava muito ansioso e empolgado para ir ao acampamento. Tínhamos muita curiosidade e expectativa sobre como seria o acampamento, o que fariam e como se 'virariam' com toda a criançada. Gostamos muito; a proposta da paz, a integração com a natureza, o empenho dos educadores, tudo foi dez. Meu filho adorou 'escalar montanha' e dormir pela primeira vez em um acampamento sem ter nenhum familiar por perto. Essa iniciativa é importante para o crescimento do meu filho, no sentido da integração com a natureza, do respeito, da paz, do cuidado, e é importante para toda a família, pois ele acaba trazendo para dentro de casa e nos ensinando também o que aprendeu no acampamento, interagindo em casa a proposta da paz."

"As crianças aprendem a compartilhar umas com as outras, o afastamento dos pais também é legal porque elas ficam mais independentes..."

"Acho que o Acampamento da Paz foi algo inesquecível, tanto para ela como para nós, porque ela fala todos os dias das brincadeiras 'passeio cego'..."

"Considero essas atividades importantes, pois aprendem a viver em grupo com diversos tipos de pessoas e aprendem a dividir seus objetos e novas experiências."

Diante disso, resta a nós, educadores, acreditarmos no nosso trabalho e seguirmos em frente, na busca de caminhos possíveis e necessários para a construção de uma cultura de paz e não violência, ou seja, a construção de um mundo mais humano e solidário.

Pensando e repensando

> Se queres a paz... Defende a vida!
> Se queres a paz... Luta pela justiça!
> Se queres a paz... Trabalha pela paz!
> Se queres a paz... Educa para a paz!
> Se queres a paz... Defende os direitos humanos,
> teus e de outros seres humanos também!
>
> Luís Pérez Aguirre

Após o desenvolvimento deste trabalho, chega o momento de fazermos algumas reflexões a respeito de questões presentes no nosso fazer pedagógico.

- Educar para a paz é possível?
- É utopia?
- É essa a educação que queremos?
- É essa a educação que buscamos?
- É papel da educação educar para a paz e para a resolução não violenta de conflitos?

As atividades e projetos aqui relatados demonstram a possibilidade de trabalharmos, no nosso dia a dia, as relações, tornando a convivência na escola mais solidária e prazerosa, de modo que cada um possa sentir-se feliz. Sabemos que cada indivíduo é único, cada grupo tem suas peculiaridades, enfim, cada escola, cada comunidade, tem a sua própria caminhada, no seu tempo e no seu espaço; portanto, é ímpar. Sendo assim, faz-se necessário lembrar que não existem receitas prontas. O que apresentamos é uma construção a partir da realidade aqui existente. Para esta Escola, neste momento, foram experiências significativas, que vão se modificando e se enriquecendo a cada dia. Nossa intenção foi a de relatar e refletir sobre a proposta de educação para a paz na escola Bandeirante, na tentativa de mostrar que a construção, a busca de caminhos é possível, basta acreditar. Cabe lembrar que muitos educadores, sem mencionar a expressão "educação para a paz", defendem uma convivência harmônica, baseada no respeito e na solidariedade.

É importante destacar também que, hoje em dia, são comuns os discursos em defesa da ética e da cidadania, valores que se constroem na educação. Sendo assim, é mais um ponto para se pensar numa educação para a paz não apenas como possibilidade, mas como uma necessidade para que possamos construir uma sociedade mais justa.

Além disso, é importante nos voltarmos para os Parâmetros Curriculares Nacionais, onde se afirma:

> Um dos objetivos da educação escolar é que os alunos aprendam a assumir a palavra enunciada e a conviver em grupo de maneira produtiva e cooperativa. Dessa forma, são fundamentais as situações em que possam aprender a dialogar, a ouvir o outro e ajudá-lo, a pedir ajuda, aproveitar críticas, explicar um ponto de vista, coordenar ações para obter sucesso em uma tarefa conjunta etc. É essencial aprender procedimentos dessa natureza e valorizá-los como forma de convívio escolar e social (1997, p. 97).

Considerando as situações de diálogo fundamentais na educação, é impossível pensar uma escola em que não se construam relações de respeito mútuo, nem se proponha uma educação para a paz.

Não se pode achar que a escola, ao construir a proposta de educação para a paz e resolução não violenta de conflitos, deixa de lado o seu papel principal de construção de conhecimento. Pensamos ser este um equívoco, pois, no decorrer deste trabalho, encontramos fundamentação em diversos educadores a respeito da educação, que mostram ser indispensáveis relações harmônicas para que se cumpra a real função da educação: preparar o ser humano para que consiga conviver de maneira consciente e responsável, juntamente com os demais, bem como com o meio ambiente. Além do que o Relatório para a Unesco da Comissão Internacional sobre a educação para o século XXI define:

> Para poder dar resposta ao conjunto das suas missões, a educação deve organizar-se em torno de quatro aprendizagens fundamentais que, ao longo de toda a vida, serão de algum modo, para cada indivíduo, os pilares do conhecimento: aprender a conhecer, isto é, adquirir os instrumentos da compreensão; aprender a fazer, para poder agir sobre o meio envolvente; aprender a viver juntos, a fim de participar e cooperar com os outros em todas as atividades humanas; finalmente, aprender a ser, via essencial que integra as três precedentes. É claro que estas quatro vias do saber constituem apenas uma, dado que existe entre elas múltiplos pontos de contato, de relacionamento e de permuta. [...] a Comissão pensa que cada um dos "quatro pilares do conhecimento" deve ser objeto de atenção igual por parte do ensino estruturado, a fim de que a educação apareça como uma experiência global a levar a cabo ao longo de toda a vida, no plano cognitivo como no prático, para o indivíduo enquanto pessoa e membro da sociedade (2001, p. 90).

Portanto, o conhecimento continua sendo a base de todo o trabalho da Escola, pois para o desenvolvimento desse projeto os valores propostos permeiam os conteúdos e atividades pedagógicas. Como a essência da proposta de educação para a paz está nas relações e no respeito mútuo, o professor deixa de ser um mero transmissor de conhecimentos; ele oferece condições para que o conhecimento seja construído pelo próprio aluno.

Para finalizar, quero reafirmar que a educação para a paz deixa de ser utopia no momento em que a tomamos como uma proposta possível e necessária, fundamentada nos Parâmetros Curriculares Nacionais e em renomados educadores. Entretanto, é preciso que tenhamos a convicção de que a educação para a paz é possível e que cada professor e professora, cada grupo, cada escola constrói o seu próprio caminho. O nosso está sendo trilhado há tempo suficiente para percebermos as mudanças. As mudanças ocorreram no conjunto da Escola, principalmente em nós mesmos, pela formação continuada, oriunda da priorização do fazer pedagógico pela equipe diretiva, com oficinas, encontros e cursos, nos quais a práxis se desvela em nossas ações, no cotidiano, num contínuo refletir...

Pensando e repensando[*]

Ah! O que dizer? O que fazer? O que queremos? Para que queremos? Como queremos?

Estamos aqui! Somos educadores!!!

Somos educadores???

Consciência... que nos questiona...

O que fazemos com/por nossos alunos?

Liberdade, diversidade, tolerância!

Assim? Assim educamos?

E é isso que buscamos?

Acredito que tentamos!

É difícil: cada um é um...

Temos algo em comum: todos somos diferentes!

Importa o respeito, pois cada um torna o todo diferente.

Complexidade?

Abraçar! Sim, o pensamento que pratica o abraço!

Diferentes! Uno e muitos ao mesmo tempo!

Ordem e desordem, a primeira constituída da segunda.

Cuidado: dar e receber...

Um e outro, cada qual parte do todo.

Inteiro... com seus conhecimentos... com sua história...

Dependência: eu mais o meio, impossível separar!

Autores somos nós da nossa história,

Da vida que nos é dada!

Ousamos vivê-la com alegria, com paixão, com tesão, dividindo sorrisos, multiplicando afeto, subtraindo tristezas, somando-nos a um todo onde cada um tenha o seu espaço, onde cada um possa mostrar a sua beleza e o seu saber!!! Então, todos seremos verdadeiramente felizes, donos da nossa história e verdadeiros responsáveis pela construção de uma escola melhor, de um mundo melhor, mais justo e solidário!

---

[*] "A escola e a ética do cuidado" – acróstico produzido no Curso de extensão da UFRGS (2002), oferecido aos professores e professoras da Escola.

Referências bibliográficas

BANDEIRANTE NA TRILHA DA CRIAÇÃO DE UMA CULTURA DE PAZ - Proposta de trabalho/2006.
BEDIN, Silvio Antonio. *Escola: da magia da criação* – as éticas que sustentam a escola pública. Tese de doutorado. Porto Alegre, UFRGS, 2004. Orientadora: Professora Malvina do Amaral Dorneles.
BOFF, Leonardo. *Saber cuidar: ética do humano* – compaixão pela terra. Petrópolis: Vozes, 1999.
BONDÍA, Jorge Larrosa. *Notas sobre a experiência e o saber de experiência*. Tradução de João Wanderley Geraldi. Revista Brasileira de Educação, São Paulo, n. 19, p. 20-28, jan/fev/mar/abr. 2002.
BRASIL. Secretaria de Educação Fundamental. *Parâmetros Curriculares Nacionais:* introdução aos parâmetros curriculares nacionais. Brasília, MEC/SEF, 1997.
_____. Lei de Diretrizes e Bases da Educação Nacional nº 9.394/96.
COLLARES, D. *Epistemologia genética e pesquisa docente das ações no contexto escolar.* Lisboa: Instituto Piaget, 2004.
CUNHA, Antonio Geraldo da. *Dicionário etimológico Nova Fronteira da língua portuguesa.* Rio de Janeiro: Nova Fronteira, 1986.
DELORS, Jacques (Org.). *Educação: Um tesouro a descobrir.* 6. ed. São Paulo: Cortez; Brasília: Unesco/MEC, 2001.
DOTTI, Corina Michelon (Org.). *Educação: as faces do novo.* Caxias do Sul: EDUCS, 2004.
EDUCADORES PARA A PAZ. *Aprender a educar para a paz* – curso de educação para a paz. Porto Alegre, 2003.

FREIRE, Paulo. *Educação e mudança*. 24. ed. Rio de Janeiro: Paz e Terra, 1979.

_____. *Pedagogia da autonomia:* saberes necessários à prática educativa. 8. ed. São Paulo: Paz e Terra, 1996.

_____. *Pedagogia da Esperança:* um reencontro com a pedagogia do oprimido. 11. ed. Rio de Janeiro: Paz e Terra, 1992.

GROSSI, Esther Pillar; BORDIN, Jussara (Orgs.). *Paixão de aprender*. 11. ed. Petrópolis: Vozes, 1992.

GUIMARÃES, Marcelo Rezende. *Cidadãos do Presente:* crianças e jovens na luta pela paz. São Paulo: Saraiva, 2002.

KUPFER, Maria Cristina. *Freud e a educação*. Dez anos depois. Revista da Associação Psicanalítica de Porto Alegre. Associação Psicanalítica de Porto Alegre, n. 16, pp. 14-26. 1999.

MALDONADO, Maria Tereza. *Os construtores da paz:* caminhos da prevenção da violência. São Paulo: Moderna, 1997.

MATURANA, Humberto. *Emoções e linguagem na educação e na política*. Belo Horizonte: Ed. UFMG, 1999.

_____. *Formação humana e capacitação*. Tradução de Jaime A. Clasen. 2. ed. Petrópolis: Vozes, 2000.

MORIN, Edgar; ALMEIDA, Maria da Conceição de (Orgs.) *Educação e complexidade:* os sete saberes e outros ensaios. São Paulo: Cortez, 2002.

OLIVEIRA, Marta K. *Vygotsky, aprendizado e desenvolvimento*. Um processo sócio-histórico. 4. ed. São Paulo: Scipione, 1997.

PIAGET, Jean. *Sobre a Pedagogia*. Textos Inéditos. PARRAT, S.; TRYPHON, A. (Orgs.). São Paulo: Casa do Psicólogo, 1998.

PÉRISSÉ, Paulo. *Educação Planetária:* uma experiência brasileira de educação para a paz e para os direitos humanos. Disponível em: <http://www.globalschool.com.br/EducacaoPlanetária-Fórum Mundial da Educação.PDF> Acesso em 24 março 2006.

PERRENOUD, Philippe. *Dez novas competências para ensinar*. Porto Alegre: Artmed Editora, 2000.

RESTREPO, Luis Carlos. *Direito à ternura*, tradução de Lúcia M. Endlich Orth. Petrópolis: Vozes, 1998.

RIOS, Terezinha A. *Compreender e ensinar:* por uma docência de melhor qualidade. 3. ed. São Paulo: Cortez, 2002.

ROSA, Miriam. *Corporeidade e educação na presença*. [mensagem pessoal] Mensagem recebida por <gloriamarchetto@yahoo.com.br> em 2 abr. 2006.

SOUZA, João Vicente Silva. *O Projeto Amora:* assombros, resistências e potencialidades de uma alternativa interdisciplinar. Porto Alegre: UFRGS, 138 f. Tese (Mestrado em Educação) – Programa de Pós-Graduação em Educação da Faculdade de Educação da Universidade Federal do Rio Grande do Sul, Porto Alegre, 2002.

VVAA. *Salmos latino-americanos*. São Paulo: Paulinas, 1987.

Anexo 1

MEU ROMANCE COM A PAZ

Tudo começou nos idos de 1980.

Pastoral da Juventude: um espaço onde refletíamos sobre as injustiças da nossa sociedade e buscávamos na Bíblia a comunidade proposta por Jesus Cristo. Aí cantávamos, brincávamos, ríamos, tínhamos um grupo. Isso me ajudou muito, pois sempre fui muito tímida, e esse grupo me dava segurança. Buscávamos a inclusão dos excluídos. O sonho de um mundo melhor, mais justo e mais humano.

Durante 11 anos trabalhei numa escola com crianças menos favorecidas, com inúmeros problemas familiares e sociais. Sempre procurei fazer com que se sentissem felizes e entristecia-me diante de suas dificuldades, pois não era esse, acreditava eu, o mundo proposto por Jesus Cristo. E questionava-me: Será que eu estava cumprindo com a missão de educadora? As sementes lançadas germinariam? Será que eu fazia alguma diferença para aquelas crianças?

Em 1999 saí do CIEP (Centros Integrados de Educação Pública), escola onde trabalhava, e vim para o Bandeirante. Ouvimos: "CIEP é CIEP, Bandeirante é Bandeirante". Desilusão...

Em 2001, nasce a proposta de educação para a paz: formação, oficinas, curso "A escola e a ética do cuidado". É isso... o cuidado!

Agora sim... Tínhamos um grupo preocupado com o cuidado.

A busca de um mundo mais justo, mais humano, mais solidário. Tínhamos um caminho e a segurança de um grupo.

Os encontros sempre cheios de emoção nos motivavam a seguir em frente.

Começamos a perceber mudanças nas relações. Os risos, os sorrisos, os abraços, a emoção no ar.

Ainda há tropeços, há a palavra dita de forma errada, equivocada, mas também temos a consciência do que é necessário mudar, a humildade de nos aceitarmos com nossos erros e o desejo de acertarmos.

O envolvimento das crianças nas atividades propostas, sua maneira simples, espontânea de resolver conflitos, a cumplicidade que se percebe na turma, os olhares e sorrisos dos nossos alunos e alunas é força para seguirmos em frente.

Gloria Lourdes Alessi Marchetto

Anexo 2

SEMINÁRIO INTEGRADOR – "VAMOS COMEÇAR POR NÓS?"

O Seminário Integrador foi um momento especial em que as turmas de 3ª e 4ª séries (sob a orientação das professoras Gloria e Loiri) puderam relatar aos seus familiares todas as atividades desenvolvidas no projeto "Vamos começar por nós?".

Esse evento foi desenvolvido pelos alunos, desde a elaboração dos textos até a leitura e apresentações que abrilhantaram a atividade. As professoras ficaram apenas no apoio e coordenação.

Para esse dia, foram elaborados textos, narrando as diversas atividades desenvolvidas durante o projeto. Os textos foram lidos pelos próprios alunos e, para o seminário ficar mais dinâmico, as leituras foram intercaladas por apresentações artísticas, especialmente coreografias de músicas trabalhadas no decorrer do projeto.

A seguir, apresentamos o roteiro seguido na realização do Seminário Integrador "Vamos começar por nós?".

1. **Abertura**: Carta ao inquilino da Terra (Anexo 5).
2. **Agradecimentos** e pronunciamento da professora Mercedes, diretora da Escola.

3. **Passeio inicial.** No dia determinado, nós da terceira e quarta séries viemos ao portão da Escola. Tomamos um ônibus e fomos seguindo o Arroio Barracão. Depois, seguimos viagem para o lixão. Ficamos observando como ele é. Quinze minutos depois, seguimos por uma trilha até onde o Arroio Barracão desemboca no Rio Carreiro. Algumas crianças entraram no rio. Depois, voltamos para a Escola. Convidamos, então, a professora Berenice, que nos acompanhou no passeio, para falar um pouco sobre essa atividade.

4. **Impressões do passeio, reações das pessoas.**

5. **Mapa conceitual.** Com o passeio pelo Arroio Barracão e pelo lixão, pudemos conhecer e observar melhor esses lugares, refletindo depois sobre eles. Nessa reflexão, discutimos e resumimos numa ideia, numa frase o que sentimos: "Vamos começar por nós?". Nisso pensamos... Passaram-se alguns dias e foi então que decidimos fazer o mapa conceitual. Cada um de nós apresentou uma ideia: lixeiros com identificação, confraternização etc Colocamos tudo no papel e fizemos o nosso mapa conceitual.

6. **Agradecimento aos pais.** Muito obrigado por nos acompanharem no passeio para conhecer o ambiente em que vivemos. Queremos agradecer a dedicação, o carinho e a responsabilidade de nos ensinar, e também agradecer aos pais que não puderam ir, pois sabemos que todos fazem parte do projeto, e aos pais que responderam as perguntas e nos ajudaram em muitas outras coisas. Vamos sempre contar com vocês. Eu comigo, eu com o outro e eu com o meio, que também é reciclar o lixo, não matar, não poluir o ar, o mar, a natureza e o mundo em que vivemos.

7. **Eu com o outro.** No dia determinado, nos reunimos na sala de tevê para fazer atividades de estar perto do outro. As professoras acenderam seis velas, três de cada lado; nós fizemos um círculo de cadeiras e com uma música calma, a luz apagada e os olhos fechados, relaxamos por uns 4 ou 5

minutos. Depois, a gente conversou sobre o projeto. A ideia surgiu do nosso mapa conceitual e das sugestões que demos. Isso faz parte do nosso projeto "Vamos começar por nós?". Nós nos encontramos todas as segundas-feiras de manhã.

8. Ao trabalhar sobre a questão lixo aprendemos muito, com experiências práticas e debates sobre o assunto preservação da natureza. Procurei passar esse conhecimento para meus familiares e amigos; confesso que não foi fácil, pois as pessoas estão acomodadas e não aceitam novas ideias. Convivo com meu primo de dois anos e oito meses; conversamos sobre colocar os papéis dos doces no lixo. Ele perguntou por que, então eu expliquei várias vezes. Alguns dias depois, ele começou a colocar os papéis no lixo em casa. Mas o que mais me chamou a atenção foi que começou a cobrar da mãe boas atitudes: que ela não jogasse mais papéis em lugares que não tivessem lixeiras, principalmente em lugares públicos, em ruas, parques que a família frequenta. Para que todos nós possamos viver o futuro com uma boa qualidade de vida, precisamos melhorar o nosso presente e cuidar do meio ambiente que nos cerca. Esperamos que vocês entendam o projeto.

9. Cartaz no local da merenda. Decidimos fazer e colocar um cartaz no refeitório para separar o lixo orgânico do lixo seco, como papel, plástico, papelão. Passamos nas salas e explicamos essa atividade. No local da merenda, algumas pessoas ainda se enganam e jogam o lixo seco junto com o lixo orgânico, mas a maioria das pessoas joga no lugar certo. Gosto muito disso.

10. A Campanha do agasalho. Nós, da 3ª e 4ª séries, juntamos roupas para doar. Depois, separamos as roupas de menino, de menina e de adulto. Doamos as roupas de menino para a Horta Comunitária; de menina, para o Lar da Menina Palmira Pandolfo; e de adulto, para o Lar dos Idosos. Nós estamos num projeto para ajudar os outros e sabemos que podemos dar mais coisas. Quanto mais damos, mais ganhamos; e isso é muito especial para nós.

11. Judô. O judô é de origem japonesa e significa caminho da suavidade. Judô não é uma luta, é um modo de defesa. Conforme tinha sido programado, os participantes do judô vieram nos mostrar que esse sistema de luta corporal é suave, não machuca, é um modo de diversão, não de agressão. Nesse dia, os aprendizes de judô deram uma demonstração para sabermos que o judô não é uma luta, mas sim uma diversão. Para ganhar, basta derrubar ou imobilizar o adversário.

12. O dia do abraço. Tudo começou na escola, quando as professoras Gloria e Loiri fizeram um cartaz com a inscrição: *Invasão do Abraço – Dia do Amigo*. Fomos a cada sala de aula, dando abraços em todos, amigos e estudantes. Havia alguns que não queriam ser abraçados. Foi tão legal que fomos lá no centro, dando abraços em todos. As professoras não nos deixaram ir aos pontos de venda, porque poderia dar confusões, mas foi bem legal. Quando acabou, nem notamos porque foi bem divertido. Nós aprendemos que as pessoas deveriam ganhar mais abraços no dia a dia, pois o abraço é também um ato de amizade, carinho e amor.

13. Quermesse. A quermesse aconteceu no mês de junho. Foi muito boa, aprendemos muitas coisas. Como estamos fazendo um projeto de cuidado com o outro (eu com o outro), realizamos uma apresentação com a 4ª série. A festa junina lembra a fogueira, mas na festa junina da Escola não tem fogueira, pois há risco de alguém se queimar. Nossa apresentação foi muito legal!

14. Desfile de 7 de setembro. No dia 7 de setembro, tivemos um desfile em que mostramos o nosso projeto. Eu e meus colegas estávamos segurando a faixa do nosso projeto. Os demais colegas seguravam placas nas quais estava escrito: *Eu comigo, eu com o outro e eu com o meio*. Outros colegas estavam segurando o mapa da *felicidadania* e dentro dele estavam coisas muito interessantes que devemos ter e cumprir também, como: conhecimento, compromisso e reflexão. Nós da 3ª e 4ª séries colaboramos com todas as professoras. Quando terminamos de desfilar tiveram mais apresentações lindas. Quem não foi ver o desfile perdeu. Foi tudo muito legal!

15. Dia da carta. No decorrer do nosso projeto, pensamos em fazer o dia da carta. Esse dia foi legal e muito importante, pois preparamos cartas para o Presidente e os Vereadores. Escrevemos para eles mais ou menos o seguinte: Senhores Vereadores, gostaríamos que as autoridades políticas escolhidas não nos decepcionassem, que atendessem os nossos pedidos, pois estariam contribuindo para o bem-estar das pessoas do nosso município. Sabemos que em suas mãos passam vários projetos e muitos deles são engavetados ou nem sequer lidos, isso por falta de interesse ou por marcação política. Como temos consciência de que os Senhores não são assim, pois sempre demonstraram interesse em ajudar a população, gostaríamos que lessem os nossos pedidos com carinho e expusessem às demais autoridades a urgência de colocá-los em prática. E também que participem do nosso projeto, não jogando lixo nas ruas, calçadas, escolas etc.

16. Recimostra – Reaproveitando o nosso lixo. A Recimostra é um trabalho que nós tínhamos de cumprir. Na primeira parte, formamos grupos de quatro pessoas para fazer os cartazes e passamos nas salas de aula convidando os colegas e outras pessoas da escola. Nós chamamos o Xico e outras pessoas que fizeram os objetos de sucata e outros materiais reciclados. A Recimostra começou de manhã e acabou de noite. Ela foi feita do lado da sala de xerox e em frente à diretoria. Nós levamos mesas e cadeiras para expor os objetos. A Recimostra foi mais um trabalho, como os outros que fizemos, mas ele foi muito especial.

17. Curso de bonecas. A dona Edi participou da Recimostra. Ela esteve conosco e contou a história da boneca trazida pelos imigrantes italianos chamada "el puoto". Depois disso, na Casa da Cultura, durante a Semana Farroupilha, a dona Edi nos ensinou a fazer as bonecas com retalhos de tecido, meias de *nylon*, miçangas e lã. Depois de fazer as bonecas, dona Edi ensinou os meninos a fazer os fantoches. Por isso queremos dizer: "Muito obrigado por ter nos ensinado a fazer as bonecas e fantoches, com restos de materiais".

18. Brinquedos reciclados. No nosso projeto, tivemos a ideia de fazer brinquedos reciclados. Então, formamos os grupos. Logo após, nos grupos, decidimos que cada um iria trazer algum material reciclável, que fosse possível usar para formar um brinquedo. Quando começamos a fazer o projeto dos brinquedos, os grupos estavam todos organizados para começar o nosso compromisso. Surgiram os brinquedos: Televisão Completa, Pato Roqueiro, Padaria Reciclada, Robô Nix, Maricota, Nossa Fazenda, Caminhão a caminho da Paz, Focavião, RR – Robô Reciclado e o Apartamento. Depois de feitos, escrevemos as receitas dos nossos brinquedos e montamos o nosso livro de receitas de brinquedos reciclados. E, finalmente, fizemos o desfile dos brinquedos, um por um, com fundo musical.

19. Nossas origens. Cada um de nós, alunos da 3ª e 4ª séries, pesquisou e trouxe de casa, para ser apresentado aos demais, informações sobre a origem da nossa família: de que país ou de que estado do Brasil vieram os nossos antepassados. Constatamos que as nossas origens podem ser iguais à de outros colegas, ou podem ser bem diferentes. Algumas crianças têm origem mista, ou seja, o pai tem uma origem e a mãe tem outra, então a criança tem duas origens diferentes. Mas o mais importante é que devemos respeitar a todos, respeitar todas as culturas, pois a origem de cada um não impede a amizade de ninguém.

20. Música. Começamos a dar ideias e daí surgiu a Dança da Natureza. Fomos à sala de tevê para ver como íamos formar os grupos e quem seriam os líderes dos grupos. Formamos oito grupos de seis alunos, e a professora foi anotando no quadro as músicas do CD "Vamos Começar por Nós?". Escolhemos uma música para cada grupo. Ensaiamos as músicas e apresentamos na conclusão deste Seminário Integrador.

21. Nosso passeio. Programamos fazer um passeio num sítio, no interior do município. Vai ser muito bom porque vamos aprender a plantar árvores, coisa que nós nunca fizemos, estamos curiosos para fazer isso. Estamos contando os dias para irmos ao nosso maravilhoso passeio. Não podemos poluir esse lugar, nem cortar árvores, nem matar os animais. Devemos ajudar os animais machucados, pois eles são da natureza.

22. Final. Música "Certas coisas pra dizer".
(Providenciar as velas para essa apresentação.)

O que eu penso a respeito da vida
É que um dia ela vai perguntar
O que é que eu fiz com meus sonhos
E qual foi o meu jeito de amar
O que é que eu deixei pras pessoas
Que no mundo vão continuar
Pra que eu não tenha vivido à toa
E que não seja tarde demais.

CD: *Amor, mística e angústia*. Jorge Trevisol. Comep/Paulinas.

Somos como essas velinhas:
Uma velinha ilumina pouco...
Muitas velinhas podem dissolver grandes escuridões...
Que cada um de nós possa ser luz no caminho de alguém...
E que, juntos, possamos trilhar o caminho
para a construção de um mundo melhor.
Vamos começar por nós?

Anexo 3

CONVIVENDO COM O OUTRO

Primeiro Encontro

Local: Escola Municipal de Ensino Fundamental Alexandre Bacchi.

Saída da Escola Bandeirante para a Escola Alexandre Bacchi.

Atividades
1. Acolhida

Música: "Imaginem" (Toquinho e Elifas Andreato – Eduardo Dusek)

Imaginem todos vocês se o mundo inteiro
Vivesse em paz
A natureza talvez não fosse destruída jamais

Russo, cowboy e chinês num só país sem fronteiras
Armas de fogo, seria tão bom
Se fossem feitas de isopor
E aqueles mísseis de mil megatons
Fossem bombons de licor

Flores colorindo a terra toda verdejante
Sem guerra
Nem um seria tão rico, nem outro tão pobrinho
Todos num caminho só

Rios e mares limpinhos, com peixes, baleias, golfinhos...
Faríamos as usinas e as bombas nucleares
Virarem pão de ló

Imaginem todos vocês um mundo bom
Que um beatle sonhou
Peçam a quem fala inglês
Versão da canção que John Lennon cantou

Russo, cowboy e chinês num só país sem fronteiras
Armas de fogo, seria tão bom
Se fossem feitas de isopor
E aqueles mísseis de mil megatons
Fossem bombons de licor

A proposta será a de que, durante a música, as crianças caminhem e se olhem nos olhos. É o primeiro contato: o olhar.

Depois, ouviremos novamente a música; neste momento as crianças terão em mãos a letra da música para que possam acompanhá-la.

2. Apresentação

As crianças e professoras receberão um cartão dobrado no qual constará o nome de uma pessoa da outra turma que deverá ser descoberta, sem usar a linguagem oral. É o segundo contato: o nome.

Após as duplas serem formadas, terão 5 minutos para a primeira conversa. Em seguida, cada um deverá apresentar o seu par para o grupo.

Cada aluno da Escola Alexandre Bacchi deverá cuidar, durante a tarde, do seu par da turma, Turma do Cuidado (da Escola Bandeirante).

3. Explanação da proposta de projeto pelas professoras.

Discussão em grupos acerca da proposta, levantamento de sugestões e possibilidades e escolha de um título para o projeto; os grupos serão formados unindo duplas formadas anteriormente.

Socialização das ideias com registro delas pelas professoras, em papelógrafo.

4. Relaxamento

Exercício de respiração ao som da música "Imagine" (John Lennon).

Comentários sobre a música, sua tradução e relação com a primeira música do encontro: "Imaginem" (Toquinho e Elifas Andreato).

5. Despedida

Música: "A canção do Abraço" (Autor desconhecido)

Levantar um braço, levantar o outro
Fazer bamboleio e mexer o pescoço
Olhar para o céu, olhar pro sapato
Encontrar um amigo e lhe dar um abraço!

Segundo Encontro

Local: Escola Estadual de Ensino Médio Bandeirante.
Saída da Escola Alexandre Bacchi para a Escola Bandeirante.

Atividades
1. Acolhida
Recepção pela vice-diretora Jocelaine Polita
Música: "Imaginem" (Toquinho e Elifas Andreato – Eduardo Dusek).

2. Apresentações
Apresentação de teatro pelas crianças da Escola Alexandre Bacchi, retratando uma cena de escola e apresentação de uma quadrilha junina pelas crianças da Escola Bandeirante.

3. Nome-adjetivo
Cada aluno deverá escolher um adjetivo que deverá acompanhar o seu nome. Esse adjetivo deverá ser algo positivo e deverá iniciar com a mesma letra do nome. Essa atividade tem por objetivo elevar a autoestima.

Cada criança deverá se apresentar, dizendo seu nome-adjetivo. Os demais responderão: "Boa tarde!" e repetirão o nome-adjetivo do colega.

4. Nome da turma e do projeto
Cada aluno receberá um cartãozinho colorido. De acordo com as cores, serão formados grupos.

Cada grupo deverá refletir sobre um nome para a turma.

Em seguida, a proposta será a de um nome para o projeto que estamos desenvolvendo.

As propostas serão apresentadas à turma e buscaremos um consenso para os dois temas.

5. Encerramento
Música: "A canção do abraço" (Autor desconhecido)

Levantar um braço, levantar o outro
Fazer bamboleio e mexer o pescoço

Olhar para o céu, olhar pro sapato
Encontrar um amigo e lhe dar um abraço!

Terceiro Encontro

Local: Escola Municipal de Ensino Fundamental Alexandre Bacchi.

Saída da Escola Bandeirante para a Escola Alexandre Bacchi.

Atividades
1. Acolhida
Música: "Imaginem" (Toquinho e Elifas Andreato – Eduardo Dusek).
A proposta será a de que as crianças escolham um colega da outra turma para cantarem juntos.

2. Reapresentação
As crianças e as professoras apresentarão o cartão confeccionado em aula com o nome-adjetivo de cada um. Esses cartões serão colados num grande papel pardo que se tornará painel da turma.

3. A garça de Sadako
Esta atividade será coordenada pelo Juarez Strasburger, da ONG SERPAZ; ele desenvolve suas atividades na Escola Bandeirante. Será relatada a história da menina japonesa Sadako e, em seguida, serão confeccionadas, por cada participante, as garças de Sadako (dobradura japonesa). Ver a história no site http://www.construirnoticias.com.br/asp/materia.asp?id=796. Acesso em 17/8/2009.

4. Nome da turma e do projeto
Cada aluno receberá um cartãozinho colorido. De acordo com as cores serão formados grupos.

Cada grupo deverá refletir sobre um nome para a turma.
Em seguida, a proposta será a de um nome para o projeto que estamos desenvolvendo.

As propostas serão apresentadas à turma e buscaremos um consenso para os dois temas.

5. Encerramento: A corrente do abraço
No cartão recebido para a formação dos grupos, cada aluno deverá escrever uma palavra que considere importante para o bom andamento do projeto, além do seu nome.

Os cartões serão recolhidos e redistribuídos. Cada um deverá ler em voz alta a palavra recebida e oferecer um abraço a quem a escreveu. Quem receber o abraço deverá ler a palavra do seu cartão e oferecer o abraço e assim, sucessivamente, até que todos tenham lido, abraçado e sido abraçados.

Os cartões serão colados no painel da turma.

Encontro Surpresa

Local: Escola Municipal de Ensino Fundamental Alexandre Bacchi.
Saída da Escola Bandeirante para a Escola Alexandre Bacchi.
Visita do monge beneditino Celso Carpenedo, de Goiás, e da professora Nara Zanoli, da diocese de Módena, Itália.

Atividades
1. **Acolhida** com a música "Imaginem".
2. **Apresentação da turma** com o nome-adjetivo.
3. **Palavras do monge Celso e da professora Nara**, seguidas de uma canção em italiano e da canção "Queremos paz".
4. **Encerramento:** "A canção do abraço".

Quarto Encontro

Local: Escola Estadual de Ensino Médio Bandeirante.
Saída da Escola Alexandre Bacchi para a Escola Bandeirante.

Atividades
1. Acolhida
Música "Imaginem" caminhando pela sala; ao terminar a música, oferecer um abraço ao colega mais próximo.

2. Avaliação do projeto em grupos
Serão formados grupos com a distribuição de cartões coloridos. As professoras tiveram a preocupação de integrar as turmas, de modo que os grupos serão compostos de 4 membros, sendo 2 de cada turma.
Reflexão:
a) O que foi legal e vou levar para a minha vida?
b) O que vamos deixar para trás, pois não foi legal?

3. Socialização das reflexões em papelógrafo.

4. Recepção dos convidados
Serão oferecidas flores e mensagens às diretoras e vice-diretoras das duas escolas envolvidas e à Secretária Municipal da Educação, como agradecimento pelo apoio ao projeto. Além disso, será apresentado um relato das atividades realizadas no decorrer do projeto, bem como sua avaliação.

5. Encerramento: "A canção do abraço".

Quinto Encontro

Local: Escola Estadual de Ensino Médio Bandeirante.
Saída da Escola Alexandre Bacchi para a Escola Bandeirante.

Confraternização e troca de presentes confeccionados pelas crianças, além de cartões.

Atividades recreativas e de integração.

Anexo 4

DEPOIMENTOS DAS PROFESSORAS

Projeto "Vamos começar por nós? Vamos!"

Professora Loiri de Fátima Alves

Conforme a proposta pedagógica da Escola, expressa no projeto "O cuidado comigo, com o outro e com o ambiente", combinamos fazer um passeio com as turmas de 3ª e 4ª séries. O convite foi estendido aos pais que pudessem e quisessem acompanhar os filhos para conhecer o lixão da cidade, fazendo uma trilha até o Rio Carreiro, com o intuito de conhecermos a realidade e combinarmos possíveis mudanças que poderiam partir de nós, que estivessem ao nosso alcance. Pensamos em algo como conhecer a realidade para mudar nossas atitudes.

Entregamos questionamentos para alunos e pais sobre a impressão que ficou do passeio. Realizamos uma explanação com as turmas envolvidas; e do entusiasmo deles, em fazer alguma coisa para melhorar, nasceu o projeto "Vamos começar por nós?". O que mais chamou a atenção de nós, professoras, foram as ideias que iam surgindo, cada aluno querendo colaborar de alguma maneira para que tudo desse certo. A responsabilidade que cada um assumiu diante do projeto, da sua divulgação, não somente entre outros alunos, mas em casa, entre os familiares, mostrando a importância de fazer parte desse projeto, foi impressionante. A troca de experiência e o respeito entre os alunos, até na questão de conhecimentos por serem de 3ª e 4ª séries, foi outro ponto que vale a pena ressaltar. Todos se valorizavam e cobravam uns dos outros a participação. O mais importante é que sentiam a necessidade de estar juntos, de trocar ideias e, ao final do ano, estavam preocupados com a separação e com a continuidade do trabalho.

Nós, professoras, atuávamos apenas como mediadoras do trabalho; o momento maior de aprendizagem e conhecimento realmente surgiu da realidade de cada um.

Foi dez a realização desse projeto!

Projeto "Convivendo com o outro"

Professora Simone Aneci Visentin Sordi

Desenvolver o projeto "Convivendo com o outro" foi uma oportunidade positiva e uma experiência que contribuiu significativamente para atingir os objetivos propostos do meu trabalho junto à turma e à escola onde trabalho, que é frequentada, em sua maioria, por alunos de bairros de periferia em constantes situações de violência física, moral e social. Com a característica de migração constante de famílias que procuram por empregos e situação econômica estável, as crianças estão sujeitas a uma situação desfavorável para entender-se um sujeito com uma identidade histórica e social. Ora estão aqui, nesta cidade, ora estão em outra. Depois retornam. Nesse sentido há uma preocupação muito presente em todos os envolvidos numa educação que venha minimizar essa realidade, partindo de um trabalho que valorize essas crianças, sua cultura, suas crenças, suas ansiedades.

Conviver com o outro, conhecendo uma outra realidade vivida por crianças pertencentes a outra escola e com maneiras diferentes de pensar, se expressar e agir, veio ao encontro da proposta de permitir aos meus alunos o resgate da própria identidade, como forma de se compreenderem como sujeitos capazes de opinar e participar da construção da própria história. Assim, o trabalho realizado pelas duas turmas – a 1ª série, Turma do Cuidado (Escola Bandeirante), da professora Gloria, e a minha turma de 2ª série (C) – foi desenvolvido com o objetivo de permitir que essas crianças tivessem contato com outras realidades, outras vivências.

Durante os encontros percebíamos que a Turma do Cuidado – nossos visitantes – passava-nos uma tranquilidade e uma maneira diferente de se organizar e também de resolver conflitos. Apesar de serem alunos com menos idade, demonstravam uma inteligência emocional para fazer suas colocações e expressar suas ideias.

Essas características foram de fundamental importância para reflexões durante as conversas com minha turma e para a minha própria práxis, pois também permitiu meu crescimento profissional e pessoal.

Conhecer a Escola Bandeirante foi outra experiência significativa para as crianças da Escola Alexandre Bacchi, por terem tido contato com uma diferente forma de organização escolar. As crianças sentiram-se valorizadas e respeitadas ao serem recebidas pela direção da Escola, o que contribuiu muito para elevar a sua autoestima. Sentiram-se importantes.

E por falar em autoestima, nunca imaginei que o simples fato de acrescentar um adjetivo ao nome desse tanta imponência e valor ao seu próprio "eu". Assim sentiram-se meus alunos quando, pela primeira vez, foram desafiados a encontrar uma qualidade pessoal que os identificassem.

A visita de algumas pessoas marcaram os encontros e impressionaram as crianças pelo forte testemunho de amor e respeito à vida transmitido em conversas, depoimentos e músicas. O monge Celso Carpenedo, do Mosteiro da Anunciação de Goiás Velho (GO), e Nara (italiana) estiveram presentes para conhecer o projeto, as crianças, as escolas. As crianças ficaram impressionadas pelo fato de "alguém vir de tão longe só para nos visitar". Juarez Strasburger participou contando a história de Sadako e ensinando as crianças a fazer as garças (dobradura japonesa). Esses encontros especiais renderam muitas conversas e reflexões entre as crianças, bem como o interesse em novas aprendizagens.

Durante a elaboração dos encontros, a professora Gloria e eu pensávamos e nos organizávamos de maneira a abordar situações e assuntos que envolvessem e permitissem vivências de valores que pudessem contribuir para uma convivência mais afetiva e consciente de que somos responsáveis pelos nossos atos e relações conosco, com o outro e com o meio em que vivemos.

Os trabalhos envolveram estudo, descontração, artes e, além de tudo, na formação de grupos, a troca de ideias, a aceitação e o acolhimento da opinião de outros, mesmo quando esta divergia da sua.

A música tema dos encontros "Imaginem", entoada sempre com muita emoção e orgulho, acabou virando tema, também, de passeios, da hora da fila, das apresentações feitas na Escola. Onde houvesse alegria e satisfação, a comemoração era "brindada" com essa música. O exercício de respiração ofereceu uma oportunidade diferente e sensível de conhecer o próprio corpo: sentir, perceber e ouvir o corpo latente; apreciar os movimentos internos e entendê-los como partes que, no seu fazer, unem-se para, juntas, mover-nos, sustentar-nos, dar-nos como dádiva a condição da vida. Foi um aprender a tomar consciência, respeitar e gostar cada vez mais de si.

Quanto às relações, no primeiro encontro percebi atitudes pouco amistosas por parte de algumas crianças da minha turma (Escola Alexandre Bacchi) que geraram certo constrangimento pela forma mais agressiva com que reagiram à visita da Turma do Cuidado (Escola Bandeirante). O que é compreensível se considerarmos essa reação como uma forma de autodefesa, como se alguém estivesse invadindo o seu território, e até normal considerando-se a vivência dessas crianças: receber pessoas de uma escola do centro da cidade, que consideram de maior poder econômico. Porém, no decorrer dos encontros essa postura foi amenizando e dando espaço para amizades consolidadas, maior respeito e mais tranquilidade nas relações.

Foram encontros prazerosos, oportunidades diferenciadas e únicas; neles a construção do conhecimento perpassou o currículo escolar e atingiu níveis de conhecimentos e de atitudes éticas que se expressaram no conviver, na troca, nas novas amizades que aconteceram de uma forma simples, natural. Essa deveria ser a verdadeira função da escola diante de um mundo que se apresenta a essas crianças cada vez mais desumano, individualista e de valores éticos distorcidos pelas disputas de poder.

No último encontro, foi feita a avaliação do projeto. Propomos a formação de grupos para que socializassem pontos positivos dos encontros, os que poderíamos melhorar e sugestões para os próximos. Foi surpreendente o que as crianças escreveram. De uma forma simples e muito clara, apontaram aspectos subjetivos dos encontros e particularidades que, muitas vezes, passam despercebidos aos adultos.

Proporcionar aos alunos a possibilidade de conhecer melhor a realidade em que vivem e permitir que reflitam sobre essa realidade é, com certeza, levá-los a desvendar valores necessários para que possam transformá-la de uma maneira mais crítica e responsável. Ou então estaremos apenas "repassando" ideias e verdades e privando seres humanos de conhecer-se, respeitar-se e cuidar-se. Quando esses conceitos estiverem consolidados, com certeza estarão presentes na forma de relacionar-se consigo, com o outro e com o meio que os cerca.

Acampando com as crianças

Professora Carmen Trombetta Defendi

Foi muito boa a ideia de fazermos o acampamento com as crianças da 1ª série. Sem contar as muitas horas de diversão, descontração e confraternização, tivemos os momentos de choro e de socorro provocados pela saudade da mãe, da casa, pela insegurança por estar longe; nada que não se resolvesse com um pouco de atenção e colo. Fizemos duas trilhas ecológicas em meio aos gramadões lindos e aos matos, com direito a andar de cipó, caminhar por dentro do riacho e banho de cachoeira. Procuramos ter todo o cuidado e atenção com a destinação do lixo e a preservação da natureza. Tudo permeado de muitas poses para fotos e filmagem, *show* de danças, jogo de bola e massagens especiais que as crianças fizeram nos adultos para poderem aguentar o pique.

Aprendizagem prazerosa no acampamento

Professora Dirce Maria Devilla

Sou professora há 22 anos da rede pública. Por 18 anos atuei nas séries iniciais. Nos últimos três anos estou atuando na Educação Infantil da Escola Estadual de Ensino Médio Bandeirante.

Sou apaixonada pelo que faço. Adoro estar com as crianças e participar de suas brincadeiras, fazendo comidinha na casinha, rolando no chão, outras vezes, fazendo a unha na manicure, ou arrumando o cabelo no cabeleireiro. Enfim, participando do mundo de fantasia dos meus alunos.

Na Escola Bandeirante muitas professoras trabalham com projetos. Conheci e participei do projeto de final de ano com as professoras Gloria e Carmen, com as turmas de 1ª série do Ensino Fundamental.

Fiquei muito feliz quando as professoras me convidaram para participar, pois seria uma oportunidade de estar em contato com a natureza, com as crianças (muitas delas já tinham sido minhas alunas na Educação Infantil) e comigo mesma.

Era notável a alegria, a animação e a expectativa de passar a noite fora de casa. Para muitos foi a primeira noite longe dos pais. Isto foi bom para a construção da sua autonomia. Para outros foi um momento de superar seus medos. Ao acordarem no dia seguinte iam contando as aventuras da tarde anterior: a trilha, o susto que levaram dos bois, a observação das estrelas, a percepção dos barulhos da noite. Rimos muito, fotografamos, rolamos nos colchões, comentamos a experiência de dormir fora de casa.

Em seguida, chegaram alguns pais para participarem e auxiliarem no preparo da alimentação. O café ficou pronto, carinhosamente preparado pelas professoras. Antes de comer, uma parada para agradecer o alimento.

Após o café da manhã, nos preparamos para o primeiro passeio do dia, uma trilha. O senhor Romeu Paulo Breda, proprietário das terras, nos guia por uma aventura inesquecível: subir morro, descer, escalar barranco, caminhar nos trilhos de trem, pular nas poças d'água, observar os bois e bezerros, parar para ouvir os sons da natureza.

Voltamos para o acampamento e dona Suzete, merendeira da Escola e mãe de um dos alunos, juntamente com os demais pais, prepararam o almoço. Depois do almoço, uma sesta embaixo das árvores para descansar.

À tarde, outra aventura, uma trilha pelo mato: aventuras no cipó, aprendizagem com as rugas sobe morro, desce morro, e o seu Romeu sempre muito atencioso e dedicado. Pelo caminho, chamamos a atenção das crianças para observarem detalhes da natureza, coisas que não são percebidas sem um olhar mais curioso.

Na volta, lanche, carrinho de lomba. Ah! Que gostoso! Até eu andei. Jogo de bola, banho de riacho e mangueira. Que alegria molhar as professoras!

Pude perceber com esse acampamento o quanto as crianças se divertiram, brincaram, entraram em contato com a natureza, puderam observar, sentir e, com certeza, adquirir muitas aprendizagens de forma prazerosa.

Puderam também integrar-se com as outras crianças, professoras e pais presentes. Era lindo ver um ajudando o outro, cuidando, auxiliando e dividindo as tarefas.

Para mim foi uma atividade muito prazerosa e tenho certeza de que muitas aprendizagens que aconteceram não teriam ocorrido dentro de uma sala de aula.

Anexo 5

CARTA AO INQUILINO DA TERRA

Senhor morador,
Gostaríamos de informar que o contrato de aluguel que acordamos há milhões de anos está vencendo. Precisamos renová-lo, porém temos que acertar alguns pontos fundamentais:
— Você precisa pagar a conta de energia. Está muito alta! Como você gasta tanto?
Antes eu fornecia água em abundância, hoje não disponho mais desta quantidade. Precisamos renegociar o uso.
— Por que alguns na casa comem o suficiente, às vezes até desperdiçam e outros estão morrendo de fome se o meu quintal é tão grande?
Você cortou as árvores que dão sombra, ar e equilíbrio. O sol está quente e o calor aumentou. Você precisa replantá-las novamente.
Todos os bichos e as plantas do meu imenso jardim devem ser cuidados e preservados. Procurei alguns animais e não os encontrei. Sei que quando aluguei a casa eles existiam.
Precisam verificar que cores estranhas estão no céu. Não vejo mais o azul.
Por falar em lixo, que sujeira, hein? Encontrei objetos estranhos pelo caminho! Isopor, pneus, plásticos, latas...

— Não vi os peixes que moravam nos lagos, rios e mares. Vocês pescaram todos? Onde estão?

— Bem, é hora de conversarmos. Preciso saber se você ainda quer morar aqui. Caso afirmativo, o que você pode fazer para cumprir o contrato?

— Gostaria de ter você sempre comigo, mas tudo tem um limite. Você pode mudar?

Aguardo respostas e atitudes.

(Sua casa, a TERRA. Fonte: http://www.profrios.hpg.com.br/html/curiosidades/carta_terra.htm. Acesso em 17/8/2009.)

Sumário

Introdução 7

Educação para a paz 9
   Educar para a paz é acreditar na mudança 13
   A paz se faz nas relações 17
      Relação professor e aluno 18
      Relação aluno e aluno 20
      Relação professor e professor 21

Escola Estadual de Ensino Médio Bandeirante 25
   Bandeirante na trilha em busca da paz. 27
   Postura do professor. 30

Construindo-se e reconstruindo-se na convivência. 37
   Pequenas e significativas ações no
   cotidiano escolar 37
      Os valores no dia a dia 38
      Construindo normas de convivência 41
      Construindo o coletivo: trabalho em grupo 44
      Consciência do próprio corpo: exercício
      de respiração 49
   Conhecer e respeitar para conviver e amar 52
      Projeto "Vamos começar por nós? Vamos!" 52
      Projeto "Convivendo com o outro" 59
      Acampamentos das Crianças da Paz 64

Pensando e repensando 79

Referências bibliográficas 85

Anexo 1 – Meu romance com a paz 89
Anexo 2 – Seminário Integrador
           "Vamos começar por nós?" 91
Anexo 3 – Convivendo com o outro 99
Anexo 4 – Depoimento das professoras 107
Anexo 5 – Carta ao inquilino da Terra 117